ENCONTROS COM A CONSCIÊNCIA

Casos freqüentes em Centros Espíritas e valiosas lições de Chico Xavier

Alaor Borges Jr.

Ditado pelo espírito Irmão Malco

MYTHOS BOOKS

Título da Obra
ENCONTROS COM A CONSCIÊNCIA
– CASOS FREQÜENTES EM CENTROS ESPÍRITAS E VALIOSAS LIÇÕES DE CHICO XAVIER

Autor
ALAOR BORGES JR.

Design de Capa e Diagramação
ALTAIR SAMPAIO

Revisão
RODRIGO COZZATO

Distribuição e Clubes do Livro
ADRIANA FERREIRA SILVA COSTA
adriana@mythoseditora.com.br

Este livro foi impresso na Orgrafic Gráfica e Editora.

Mythos Editora Ltda.
Av. Diógenes Ribeiro de Lima, 753 – São Paulo – SP – CEP: 05458-001
Tel.: (11) 3021-6607
www.mythoseditora.com.br

Dados Internacionais de Catalogação na Publicação (CIP)
(Câmara Brasileira do Livro, SP, Brasil)

Irmão Malco (Espírito).
Encontros com a consciência : casos freqüentes em Centros Espíritas e valiosas lições de Chico Xavier / pelo espírito Irmão Malco ; psicografia de Alaor Borges Jr. -- São Paulo : Mythos Editora, 2009.

ISBN 978-8560089-94-9

1. Espiritismo 2. Psicografia 3. Xavier, Francisco Cândido, 1910-2002 I. Borges Jr, Alaor. II. Título.

08-05307 CDD-133.93

Índices para catálogo sistemático:

1. Mensagens espíritas : Espiritismo 133.93

ÍNDICE

PREFÁCIO

Leitor amigo:

Quando encarnado, Irmão Malco, pseudônimo de ilustre personalidade que militou na seara espírita, no Estado do Rio de Janeiro, soube honrar a responsabilidade de ser designado nas trilhas terrenas mediante o título de espírita cristão. Entregou-se a labores afanosos em prol da causa espírita; comprometeu-se com o movimento; reconheceu que não mais lhe atendia aos anseios da alma manter-se na condição de beneficiado, então resolveu beneficiar por sua vez.

Hoje, comparece nas páginas que se seguem, prevalecendo-se dos recursos mediúnicos que tão cedo lhes identificou a autenticidade, conseguindo enxergar para lá dos bastidores da invisibilidade circunstâncias inquestionáveis que confirmavam a imortalidade da alma e a capacidade que possui de se comunicar com os irmãos encarnados. Tão bem conheceu em vida este processo, que deixou de sua própria lavra no torrão planetário uma obra dedicada a esse assunto.

Manifestou, portanto, o desejo de enfeixar em livro o resumo de variadas reuniões que teve o ensejo de participar, compartilhando emocionantes impressões junto a confrades, outrora espíritas na Terra e espíritas deste lado de cá, cujo objetivo precípuo era de captarem em conjunto as bênçãos das reflexões, apreciando possíveis erros e, se possível, alertar os companheiros na Terra por meio dos diversos canais mediúnicos de que dispomos.

Porque nos pediu que prefaciasse seu livro e, se possível, lhe déssemos um título, perguntei-lhe o que representaram essas reuniões que agora coloca nestas páginas, revisadas e sintetizadas, então me respondeu que no seu e nos demais conceitos simbolizavam periódicos encontros com a consciência.

Todavia, finalizando aquele nosso diálogo, disse-lhe em tom sereno: – Seu livro se chamará "Encontros com a Consciência".

Irmã Valquíria

(Página recebida pelo médium Alaor Borges Jr. no Lar Espírita Irmã Valquíria, na cidade de Uberaba/MG em 4/1/2004)

CAPÍTULO 1

A DELE EU NÃO OUÇO

Distinta médium, carioca da gema, dia desse relatou a mim e a outro confrade sua experiência verídica, porém nas entrelinhas uma tanto cômica.

Apressei-me a pegar um diminuto caderno que carregava no bolso e transcrevi objetivando reproduzi-la para a Terra por meio da abençoada ponte que é a mediunidade que permite esse constante intercâmbio entre o nosso e este plano.

Sem desejar ser prolixo nesta introdução, passo a lhes narrar o sucedido:

Contou-nos que quando a mediunidade começou sua fase de afloramento, atordoada e temerosa, procurou se orientar em várias casas espíritas. Confessou-nos que passou por um período difícil no qual quando mais necessitava de compreensão e apoio, foram justamente isso que as pessoas lhe negaram. Porque tivesse sido informada que em determinada região do Rio de Janeiro militava um médium já maduro e de confiança, não titubeou os passos e, determinada, resolveu procurá-lo num dia de abençoado labor. Lá chegando, à porta de acesso do interior daquele templo, sentiu-se bem, captou a harmonia que imperava naquela extensão das casas onde Jesus serve incansavelmente. Segredou-nos que para se aproximar do concorrido intermediário do além, teve que ficar assentada em torno de quatro horas. Porque o servo do Espiritismo trabalhava no período do dia, depois de haver se aposentado dignamente, segredou-nos que chegou à casa espírita por volta das sete horas da manhã. Já eram quase onze, um tanto exausta, estava impaciente, mas carecia captar daqueles lábios as diretrizes que tanto anelava, pois que de lá sairia saciada na sua busca de esclarecimentos. De face corada, começou a aprofundar as reminiscências no detalhe que sinceramente não deixou de lhe roubar um largo sorriso expondo a bela arcada dentária que tão bem se destacava naquele corpo de tez negra. Disse que depois de relatar ao médium todas as ocorrências mediúnicas que com ela se repetiam, após ter dito que estava ouvindo vozes dos Espíritos, detectando vultos e às vezes percebendo alteração psicológica sem justos motivos, o homem em sua sabedoria disse-lhe:

– Minha irmã, todo médium precisa ouvir a voz de Jesus.

E na sua condição de neófita nesses assuntos, não notou o instante em que lhe escapou da boca este argumento:

– A Dele eu não ouço.

O médium, percebendo-lhe a pureza nas intenções, deu um sorriso discreto e arrematou: – Pois é, minha irmã, precisa registrar mais a voz de Jesus que é convite ao trabalho e repisar com bravura nos rastros que retraçam sua mesma trajetória.

CAPÍTULO 2

DOIS SENHORES

O fato que passo a lhes relatar foi verídico e tive a grata satisfação de registrá-lo pelo verbo equilibrado de um confrade que brilhou há pouco no movimento espírita, deixando sua contribuição em prol da causa que tão bem defendia, não com polêmicas estéreis e geradoras de inimizades, sim por meio de condutas equilibradas e de escritos que sempre simbolizavam para quem os lia qual se estrelas fossem se transformando em luz em suas trilhas terrenas.

Falou-nos ele, em ocasião em que nos entretínhamos, que nunca encontrou uma apropriada designação na prática do termo evangélico que se refere a servir a dois senhores.

Embora existam no texto e no fato que vivenciou certas particularidades, mas é oportuno analisá-las com justa reflexão, descomprometida com resultados que se esperem ou manipulações provenientes de punhos ágeis que levam leitores a notarem o abstrato no qual o real se sobressaia exuberante.

Contou-nos que na casa espírita na qual se vinculou na última existência, por causa de cargos de presidência, notou os companheiros se dividirem e servirem a dois senhores, canditatos cada qual ao posto almejado.

Lamentavelmente, afirmou que fora constrangido a presenciar todos os tipos de procedimentos que levam as pessoas a entrarem por descaminhos na ausência do senso moral.

Disputas claras, trocas de agressões, defensores entusiastas, campanhas discretas, difamações públicas e muito mais, bem se enquadravam a assuntos de políticas, quando o nível do equilíbrio se debelava.

E rematando o pronunciamento na circunstância citada, concluiu brilhantemente:

– Os membros da casa espírita serviam a dois senhores disputando cargos humanos, nem sempre dispostos a assumirem os encargos, mas se esqueciam que, acima deles, deveria estar a causa e esta, em qualquer situação, é presidida apenas pelo Nosso Senhor Jesus Cristo.

CAPÍTULO 3

A RECEITA

Por volta do ano de 1945, quando o médium Chico Xavier estava servindo de intermediário ao Espírito André Luiz na confecção de suas obras que haveriam de se imortalizar no movimento espírita, época em que o médium Xavier já se destacara mundialmente como o mais fiel intermediário dos dois planos, o terreno e o espiritual, era comum romeiros doutras cidades procurarem-no, dele esperando consoladoras palavras que servissem de lenitivos aos corações frágeis e afetados pelos revezes terrenos.

Então, lá pelas altas horas da madrugada, quando o término do transe lhe concedeu o direito de participar conscientemente com a realidade local, uma fila não tão pequena se formava para passar por ele.

Eram os mais variados motivos. Autógrafos, um singelo cumprimento, entrega de missivas, tiras de papel pedindo a ele oração, alguém requerendo donativos e, por fim, a procura por esclarecimentos e orientações.

Na fila, uma jovem, acompanhada dos pais que a guiavam lado a lado, apresentava o olhar vago. A olheira se fazia presente. Parece que não havia ali senão o interior de si própria; era para lá que ela permanecia depois que havia perdido o noivo num acidente.

Aproximou-se do famoso médium de Pedro Leopoldo e, antes que os pais se manifestassem, ela própria lhe indaga:

– Como me livrarei da tristeza?

Chico, de olhar meigo e voz serena, responde-lhe:

– Buscando a alegria.

Então, o pai, que até então permanecia em silêncio, ingenuamente acrescenta:

– Temos feito isto. Às vezes, ela vai a contragosto com as primas buscar diversões, mas debalde são nossas tentativas.

Então, Chico rematou:

– Ela deve buscar a alegria de ser útil, principalmente nos lugares onde não existem mínimas condições para a existência dela. Só assim ela esquecerá da própria tristeza e avaliará o quanto é feliz e ainda não enxergou a presente realidade.

A moça se foi, mas retornou em posteriores reuniões e as sucessões dos fatos dão conta que na cidade de Belo Horizonte, transformou-se no anjo dos pobres, dos doentes e dos presidiários.

CAPÍTULO 4

A RESPOSTA

São Paulo, madrugada, e mesmo a noite fria não havia impedido a população da terra fundada pelo grande Nóbrega de ir se beneficiar com a presença sempre iluminada do médium Chico Xavier.

Tal reunião se realizava de maneira regular e era patrocinada por membros da citada cidade e fora designada de chá fraterno, onde era angariado recursos destinados a obras assistenciais.

Ao sair do amplo salão, escorado em braços alheios, Chico passava qual foco de luz deixando iluminada a retaguarda e projetando claridade à frente.

Num dado instante, um moço, representante de determinada rede de televisão, lhe indaga de chofre:

– Que é ser médium, Chico Xavier?

E ei-lo que responde:

– É ser ponte.

Não satisfeito com a resposta sintetizada, volta a lhe perquirir:

– O senhor não acha essa definição um tanto grotesca?

Calmamente, o médium mineiro reconsidera:

– Não, meu filho, o médium não deve esperar o ganho da notoriedade alheia. É apenas instrumento e o mérito sempre haverá de estar para ser descoberto. Qual a ponte, deve se manter com a mesma rigidez no campo da disciplina para que não evada do compromisso assumido.

– Mas como se comportar diante das críticas? – Volta a lhe sabatinar o repórter, ávido por extrair daquela fonte de sabedoria espiritual palavras iluminadas destinadas a seus contemporâneos.

– Como a ponte – responde e já vai arrematando – Ela suporta o peso de caminhões, carros, carroças, bicicletas e transeuntes, não interditando a passagem de ninguém, servindo sem previsão de quaisquer particularidades. Desempenha papel importante, intermedia contatos de uma margem a outra. É provável que por ali transita fatores importantes transportados em prol do avanço do progresso terreno.

Que tenho visto, e deu uma risadinha marota, é muito médium querendo assumir o lado inverso.

Em mediunidade, quanto mais velha a ponte fica, mais fortalecidas ficam suas bases, pois a experiência vivenciada aponta verdades que não víamos.

CAPÍTULO 5

A OUTRA RESPOSTA

Pedro Leopoldo, década de 1940, no Centro Espírita Luís Gonzaga, o salão estava repleto. À mesa, mãos postas no rosto, o lápis de Chico deslizava célere sobre as laudas de papéis. Orientações, pedidos de receitas, pedidos de missivas do além, de familiares que haviam transposto os portais da morte e depois páginas de luz que os Espíritos redigiam pelas abençoadas mãos do médium mineiro.

Dois confrades de distante cidade a tudo observavam atentamente. Ouviam as leituras de páginas do Evangelho e se deixavam tocar pelos comentários paralelos ao transe mediúnico. A hora avançava, já naquela época, e Chico estava firme no seu posto de serviço.

Nos albores da madrugada, naquela concorrida reunião, já com a presença de alguns repórteres, o médium retira as mãos da face e sinaliza a interrupção do contato com os habitantes do outro mundo.

A reunião se finaliza com sentida prece proferida por algum membro da casa. As mensagens são lidas posteriormente. Depois o povo se aglomera e as orientações pessoais se abundam em fraternos cumprimentos. Um ou outro freqüentador surgia na fila abraçados a livros da lavra xaveriana, desejoso de colher autógrafo de suas mãos iluminadas. Os dois amigos se entreolhavam ao final da própria fila. Eram procedentes de determinada cidade do estado de São Paulo, espíritas atuantes, pessoas que já se haviam privado em contato com o Chico, haurindo ensinamentos inesquecíveis.

–:–:–:–:–:–

Salão vazio, apenas alguns membros do grupo, e lá estão eles a se acercarem da presença do médium.

Abraços calorosos.

Notícias do movimento regional.

Consultas pessoais ao médium.

Já às despedidas, um deles abraça Chico fervorosamente e diz que iria intensificar as preces destinadas que eram a ele no seu trabalho em prol da doutrina. Afirma que na cidade da qual se originavam, certo espírita, pessoa de influência, estava difamando-lhe o nome, chegando mesmo a citar-lhe. Num trecho do diálogo, o espírita sintetiza:

– Pois é, Chico, fulano falou mal do Senhor.

E para surpresa geral, ei-lo que conduz aquele diálogo respondendo serenamente:

– Que bom.

De olhos espantados, aquele irmão procurou pelo olhar do amigo que o acompanhava, sem entender patavina. E pensando que houvesse existido uma má interpretação de Chico, volta a lhe perguntar:

– O Senhor entendeu o recado? E ele responde: - Sim, que bom, meu filho.

E prosseguiu: – Ele está me ajudando a descobrir meus defeitos. Inverdades ou mesmo a verdade são menos prejudiciais que o elogio que nos dá asas, mas no fundo temos conhecimento que não temos condições de sair centímetros do chão.

E arrematou:

–Vão com Deus.

CAPÍTULO 6

SOBRA...

"– O trabalho da sopa fraterna transcorria normal naquele dia."

Assim iniciou suas confidências um confrade em produtivo diálogo com um grupo do qual fazia parte dia desses no plano espiritual.

– A equipe estava coesa, avançou nas colocações, a harmonia reinava, estávamos tão alegres que sequer presumíamos que os ponteiros dos relógios tão adiantados estavam.

Éramos dez trabalhadores.

No exato momento da distribuição, feita a prece, um grupo se afasta dos demais, três em conversações improdutivas.

Enquanto os outros da equipe se desgastavam molhando a epiderme devido ao suor que brotava evidente, os ditos confrades observavam detalhes de somenos importância.

Um deles reparava certa criança em crise de rinorréia e falava da importância dos hábitos cultivados desde pequeno.

O outro reparava um pequenino de mãos sujas manipular a colher em busca do caldo reconfortante e malhava os pais ausentes, taxando-os de negligentes com os deveres da educação.

Outro ainda, que até então nada tinha dito, relacionava certa deficiência orgânica de uma senhora com precedentes lutas do passado, afirmando seu justo juízo de causa que era uma devedora resgatando uma culpa do pretérito.

O experiente coordenador da atividade, espírita veterano, homem de poucas palavras, prudente por natureza, tinha pleno domínio das minúcias que no ambiente sucedia.

Quando o trio passa por uma das mesas, certo jovem de olhos esbugalhados, ainda retornando a consciência à realidade devido a possível fuga originada pelo uso das drogas, pede a um deles mais um pouco de sopa, já que poucos minutos antes tinham passado com uma vasilha.

Atendendo certa senhora, colocando o caldo nutriente em seu prato, dois deles são tocados no ombro pelo impaciente moço que, num tom alterado de voz, volta a lhe implorar o alimento tão abundante ali.

Porque tivessem sido ríspidos, demonstrando atitude de intolerância, o moço que já estava quase raspando com a colher o fundo do prato enche-a por duas vezes e atira a sobra sobre o rosto de um deles desencadeando-lhe certa queimadura de primeiro grau.

Houve lamentável motim.

As considerações surgiam.

Alguém malhou o faminto rapaz.

Outro falou da deselegância do espírita a serviço de Jesus.

Com esforço, aquele que bem podia ser considerado um mestre em vista da experiência e bom senso contornou a situação.

O trabalho avançou sem maiores tumultos.

O agressor já havia ido.

O povo aos poucos se dispersava depois de sentirem a plenitude desejada.

As atividades haviam terminado.

Antes da parte final, porque havia percebido ares de profunda tristeza na vítima desatenta, perguntalhe se algo desejava dizer diante do lamentável episódio. Tímido, apenas disse:

– Estou magoado e só não lhe entornei sopa como troco porque fui contido.

E, já à vontade, considerou:

– Sou espírita, mas não sou bobo, muito menos de ferro.

O lúcido espírita lhe fala então num tom paternal:

– Quem disse que você não fez a intenção desejada? Enquanto ele lhe atirou apenas a sobra do que no prato havia, você ainda continua entornando sobre ele tudo o que há de ruim no seu coração.

Onde há sobra de tempo e falta de vigilância, sempre sobra muita coisa.

CAPÍTULO 7

ALÉM DO NÍQUEL

Sem delongas, sintetizo nestas laudas de papéis uma preleção a que assisti dia desses proferida por um confrade espírita que havia militado nesta seara na condição de intermediário dos planos que se interpenetram.

Assim iniciou:

– Fui médium, trabalhei por longos anos nesta área servindo a Jesus.

Nunca ansiei possuir qualquer dom mediúnico, a espontaneidade é que me ditou as condutas que para meu próprio bem deveria acatar.

Comecei ainda jovem no adestramento dos recursos psíquicos que se afloravam sem o aval de minha participação.

Fui psicógrafo.

Militei por anos a fio no receituário mediúnico e os resultados sempre me surpreenderam sobremaneira.

Com o passar dos anos, meu contato com os Espíritos foram se intensificando.

Sem que percebesse, logo me vi captando cartas de familiares endereçadas aos saudosos parentes que na Terra haviam ficado em pranto.

Trabalhei com rigor, disciplina e respeito pelos Espíritos.

Eis dois pontos dos quais nunca abri mão, não me recordo de haver cobrado que fosse um níquel de ninguém.

No meu bolso nunca veio parar qualquer dinheiro ilícito que tenha cobrado pelos serviços prestados à comunidade em parceria com os Espíritos. Entretanto...

A lacuna adiante da precedente colocação nos levantava a suspeitar que, além daquele ponto, havia alguma lembrança que transtornava o informante da noite.

Eu, sempre atento almejando coletar o máximo de informações para posteriores narrações na Terra, notei que o ponto lhe era crucial, seus olhos haviam perdido o brilho e leve coramento pigmentou-lhe as maçãs do rosto.

Após o silêncio, tão rápido no qual se postou, reacertou as idéias e avançou:

– É comum os médiuns pensarem apenas nos impróprios níqueis que lhes soltam para as bolsas, geralmente na surdina. Em minha ingenuidade, não atinei para os perigos que haviam além de um próprio níquel.

Não percebi tão logo que havia cobranças mais sutis.

Eu, que havia intermediado o contato de um filho com seu pai, médico renomado em nossa cidade, certa ocasião, quando precisei de especialista da área dele, não me fiz rogado, peguei o telefone e lhe expus minhas dificuldades como insinuando que me devia um favor. Ele, tão humano, acolheu-me como paciente especial e meu ego, não omito, foi massageado. O tempo passou, porque as coisas começaram a ir a meu favor, adquiri um carro modestamente bom.

Um dia, quando me dirigia para determinada direção, a máquina requereu o estacionamento, pois inesperado defeito causou pane geral no painel e a parte elétrica se alterou.

Lembrei-me então que, numa de nossas recentes sessões, um eletricista de autos havia reencontrado a filha pelas minhas mãos, que materializaram sua saudade em formas de palavras que escrevi.

Sem ter um dia privado com ele, estranhos um e outro, adentrei sua oficina e já fui logo lhe lembrando a minha procedência.

Da maneira anterior, insinuei que o moço me devia um favor e meu carro foi arrumado e nem mesmo a peça me foi cobrada.

Certo dia familiar meu se viu em delicada situação com a justiça, e aí me lembrei que minhas mãos recolocaram a esperança no caminho de um advogado que reencontrara com a esposa, que lhe relatou particularidades na carta mediúnica que lhe endereçou e, por telefone, me aventurei pedir socorro; como sempre falando em dificuldade, esperando a devolução do que um dia havia lhe prestado.

Muitos que eram favorecidos em nossa casa receberam de minha parte a cobrança da bajulação e da deferência que lhes requisitava com insinuações como sempre.

Arrematou nos dizendo:

– De fato meus bolsos estão tão vazios quanto antes.

Não trouxe níqueis, mas fui um cobrador de impostos pelos serviços prestados.

Tão sutis foram minhas condutas que passei ileso, conseguindo fazer com que a boca do povo se calasse.

CAPÍTULO 8

APENAS UM ENTRE TANTOS CASOS

Estimado amigo das lides espíritas relatou-nos o presente caso que agora lhes peço licença para reproduzir nestas laudas de papel.

Sintetizando a essência do fato, contou-nos de modo que suas palavras nos envolvessem os corações e no final, entre nós, apenas observávamos as lágrimas fluírem de cada face.

Disse que certa feita um grupo de confrades espíritas resolveu ajudar determinada família, vítima de tamanha miséria que sensibilizava qualquer olhar que se fizesse espectador daquele drama. A mãe e seus três filhos viviam com o pai, acolhidos na abençoada laje de um viaduto. Como não dispunham de colchão, todos se ajeitavam por cima de papelões. Comida era escassa, vez ou outra alguém com olhos argutos talvez enxergaria um pedaço de pão ressequido, mesclado de terra e invadido por formigas, mas os pequenos, nada sabendo de higiene, igualmente os pais, limpavam-no e, antes de abocanhá-lo, provocava confusão porque o estômago pedia mais sustância. Os excrementos fisiológicos eram expurgados ali mesmo no matagal próximo e aquelas mesmas moscas que sobre as fezes pousavam, voltavam revezando as paradas em pães, frutas, bolos ou alimentos quando ganhavam.

Um grupo de confrades que faziam rondas em nome de Jesus, que se postavam quais discretos samaritanos ficaram sensibilizados diante daquele quadro que bem se aplicava a uma aglomeração de seres que da espécie humana não fossem.

Uma moça, sensível por natureza, chorou copiosamente diante da criança que, embora sem forças devido a fome, ainda reunia recursos para alguns gracejos. Um médico que fazia parte do grupo, em acordo com um empresário e um advogado, sugeriu encaminhar aquela família para uma possível repromoção humana, de modo que todos pudessem levar vida digna. Reuniram recursos financeiros e compraram singelo barraco, ali mesmo na grande São Paulo, para que reunidos fossem os membros daquela família tão logo as providências se aceleraram.

A jovem sensível sugeriu escola para as crianças.

O médico fez uma geral em todos; tratou das crianças com vitaminas e vermífugos.

O empresário ofereceu-lhes sapatos, roupas, cortes de cabelo, televisão para que se entretivessem.

Outros confrades, tocados que foram, ajudaram na

compra de móveis. O pai bebia e alguém bondoso o levou em reuniões de apoio psicológico.

Os dias passaram e os confrades citados passaram a espreitar aquela residência, fazendo discretas cobranças nos próprios comentários.

O médico viu que debalde foram seus esforços, as crianças de mãos sujas comiam biscoitos despreocupadas.

O empresário se entristeceu quando notou que os sapatinhos estavam encostados.

A moça se sentiu infeliz porquanto era hora de escola e as crianças ali estavam.

O amigo que havia levado aquele chefe de família a uma instituição de apoio para alcoólatras percebeu que havia perdido tempo; o homem cambaleava e o bafo da cachaça era notório.

Todos saíram quietos, ninguém quis falar nada.

Um para o outro olhava com extrema melancolia.

À noite, quando haveria a reunião de desobsessão, o benfeitor ao final pediu a palavra e se dirigiu bondoso ao grupo:

– Meus irmãos, não se entristeçam, reajam! Vocês fizeram uma boa ação e isto conta créditos perante os cofres divinos. Acham acaso que a família não foi merecedora de vosso esforço? Ah! Meus irmãos, imagina se Deus fosse proporcionar dádivas tomando por parâmetro nossos méritos... Hábitos não se adquirem num passo de mágica. Os irmãos tutelados vossos tinham tantos hábitos cultivados ao longo do tempo e irão se demorar para se promoverem como vocês querem. Alegrem-se, vocês entregaram coisas a eles, agora voltem lá e façam a doação para que vossos corações participem dessa alegria.

CAPÍTULO 9

ARMAS

Num dos encontros de ex-espíritas no plano espiritual do qual eu fazia parte, um confrade foi feliz nas colocações que fez, relatando-nos suas experiências quando no corpo físico, militando com galhardia na seara espírita.

Na ocasião, disse-nos que na Terra poucos se equiparavam a ele no sentido de conhecer com profundidade as obras de Kardec.

Por isso, viu-se desde os albores da juventude, na obrigação de abraçar com disciplina a vanguarda do movimento espírita.

Além de estudos sistematizados que se via na condição de assíduo participante e posterior instrutor.

Constituiu invejável biblioteca de volumes da lavra Kardequiana e obras subsidiárias.

Embora pareça cômico, disse que, nos círculos de sua amizade, alguns amigos chegaram a lhe cognominar de "tracinha", dado a sua insaciável fome de conhecimento espírita. Falou com segurança que no corpo físico chegou a identificar perigosas armas que comprometiam a existência do ser humano. Os designativos, contudo, concernente a eles transcendiam a compreensão padrão.

Disse que sempre viu na maledicência, na fofoca, na palavra mal empregada e no próprio pensamento espécies de armas geratrizes de inquietações nos corações alheios.

Segredou-nos que foi rigoroso defensor de Allan Kardec.

Não se fez rogado quando revelou que não fugia de polêmicas, mesmo aquelas em que os ânimos se abrasavam, quer fosse em artigos de jornais, ou de programações de rádio ou da televisão, ou mesmo em público, num confronto de frente.

Hoje reconhecia que tivera na existência uma fraqueza arrebatadora.

Achava que seu dever era privar a Doutrina dos ataques injustos e sem fundamentos. Com sinceridade, ele hoje concluía que não foram poucas as vezes em que ele feriu as pessoas; propalou o desrespeito e formou aversões em torno de seu nome.

Atacou outras religiões.

Adentrou em particularidades de autoridades religiosas, difamando-as de público, dando-lhes adjetivos de hipócritas.

Atritou-se com espíritas, quer fossem de sua cidade ou doutras partes do extenso território nacional, muitas vezes taxando os irmãos de crença de confiscadores do bom senso que a Doutrina Espírita oferecia a mancheias.

Na minha e na opinião dos demais espíritas daquele encontro, o relator fez um brilhante desfecho.

Ele, com toda humildade, arrematou dizendo que a seu ver o conhecimento espírita, para si, foi uma verdadeira arma.

CAPÍTULO 10

AS CHAVES

Contou-me um amigo, adepto da Doutrina de Kardec, que certa feita estava presente numa reunião espírita, quando uns quinze minutos antes de iniciá-la notou à frente um certo tumulto e aglomeração de certos trabalhadores da casa.

Ele era apenas um freqüentador, havia comparecido ali apenas na busca do passe e de algumas palavras consoladoras, tão fartas nas páginas do Evangelho. O que lhe atravessou pela cabeça foi a suposição que alguém estivesse sido vítima de algum mal-estar decorrente da mediunidade deseducada. Disse-me que equilibrou-se nas ponta dos pés, esticou o pescoço, prevalecendo-se dos músculos cervicais, e nada enxergou que o levasse a concluir a suspeita precedente. Notou que o dirigente da casa estava um pouco nervoso e de face corada, levava ora uma, ora outra mão nos bolsos na esperança de trazer nelas o molho de chaves que havia se esquecido. Porque não mais lhe restava tempo, depois de em vão tentar abrir a fechadura da estante, singela biblioteca de livros espíritas, aonde estava o Evangelho e demais livros de que necessitava, bem como tentou forçar a pequena gaveta da mesa de reuniões com o objetivo de pegar ali um exemplar do Evangelho.

Fez a prece, solicitou a colaboração da espiritualidade e depois, de voz embargada pela atitude de vergonha, perguntou ao público presente se alguém ali não tinha um exemplar do Evangelho para que a reunião se processasse normal. Alguém prevenido afirma que o tinha e fez o obséquio de salvar o apurado dirigente.

Talvez presumindo que a circunstância passaria alheia à espiritualidade, pediu que alguém abrisse as páginas da réplica daquele livro, ali em bom termo a "sete chaves". A pessoa que o abriu entregou-lhe às mãos e, depois de fitar demoradamente a que a lição se referia, notou que em duas ou três páginas precedentes havia como que algo marcando a proximidade do local.

Folheou as páginas numa atitude de retrocesso, retirou os diminutos papéis e pediu que alguém o abrisse de novo, lógico depois de minuciosa averiguação. Para sua surpresa, veio a seus olhos a mesma página anterior. Corou-se de novo. E, meio sem jeito, começou a discorrer com a facilidade que lhe era peculiar o assunto da noite, que a espiritualidade havia escolhido previamente.

E, para finalizar a reunião, achou-se na obrigação de fazer um desfecho com chave de ouro. Disse o confrade que havia me segredado esse fato verídico que o coordenador das atividades da casa olhou profundamente no olhar de cada um, voltou a mirar a estante abarrotada de livros empoeirados e trancados, e falou num misto de serenidade e emoção:

– É, a lição desta noite enfocou o tema "desprendimento dos bens terrenos", e eu me vejo na obrigação de desprender-me das chaves desta casa.

E o amigo me informou que, nas reuniões posteriores, a estante estava sempre aberta, os livros circulavam de mão em mão, o Espiritismo se propagava e as traças se mudaram por causa de regime forçado que se viram compelidas a se submeterem.

Eu então nem percebi a hora em que dei um gostoso sorriso em vista da advertência tão bem colocada, com boa pitada de bom humor.

CAPÍTULO 11

ASSÉDIO TRANSITÓRIO

"– Conheci uma casa espírita cujas portas foram descerradas com grande alegria."

Tomou fôlego e prosseguiu aquela personalidade que havia brilhado no movimento espírita quando no corpo físico.

– Estagiando demoradamente naquele estado de encantamento, os companheiros não anteviram ou preferiram ignorar que no passar dos dias os percalços haveriam de se intensificar.

A presença do entusiasmo não lhes deixou considerar que os dias seqüentes não seriam tão só de sol e céu azul.

Ninguém houve que pensou na possibilidade do surgimento da borrasca; as trovoadas foram ignoradas.

O entusiasmo geral ***pincelou*** apenas dias calmos, mas não lhes permitiu ver que a luta entre o bem e o mal é intensa por todos os rincões do Universo.

No começo era tudo alegria; as amizades a se consolidarem sugeriam laços pré-existentes, esses encontros de amizades espirituais que se efetivam...

Não demorou alguns meses para que se percebesse os sinais do cansaço naquelas faces.

A onda do entusiasmo havia passado célere e agora estava requisitando a devoção para assumir o seu posto.

As reflexões foram se aclarando e o encantamento precedente foi dando lugar a meticuloso estudo do horizonte mirado.

O temor apareceu, a responsabilidade para se assumir tamanha obra qual aquela gerou discretas tristezas nos amigos testas de frente da instituição.

Se no começo os colaboradores uns aos outros se atropelavam, com o passar do tempo foram se dispersando e tão escassos ficaram que as atividades da casa ficavam concentradas no comando daqueles que não se arrefeceram e mantiveram os ideais acesos, embora muitas vezes lhes faltava o ânimo, e a sombra agregada desafiava o fluxo daqueles discretos raios de luz que conseguiam preservar.

As cobranças eram feitas, mas os ouvidos moucos nada registravam.

Os poucos confrades que restavam oscilavam os passos entre a firmeza e a fragilidade e vez ou outra um se refugiava nos caminhos melancólicos da deserção voluntária, porém, depois que a vida lhes aplicava sova, almejava reassumir os próprios postos de serviços.

Voltavam sem atinarem para as lutas que enfrentavam aqueles que não vacilaram em transitar para frente, mesmo afrontando as próprias limitações que sabiam possuírem.

Se mantiveram em lutas intérminas até quando puderam.

Contudo, os dias se encarregaram de propiciar a desistência coletiva.

Os supostos mais fortes passaram a ser atacados pelos mais fracos.

O melindre impossibilitou um ou outro de avançar.

A fofoca fez com que um deles colocasse o caso pessoal acima do próprio idealismo e foi-se embora amaldiçoando aquela vertente pela qual tantas bênçãos desceram dos planos superiores.

Outros dos que restavam se apartaram do serviço, sofrendo periódico incômodo do desânimo.

Mais alguns paralisaram os passos sob o pretexto de serem imperfeitos e se acharem perdidos sem quaisquer perspectivas para avançarem.

Quantos tiveram os passos atravancados devido a críticas.

Foram diversos os que se recuaram por causa do incômodo das ingratidões...

De maneira geral, faltou-lhes a vigilância.

As promessas foram esquecidas.

As lutas mal estavam começando.

Acendendo luz, olvidaram que estavam incomodando os que preferiam as sombras.

Para tirá-los da ativa, não precisou muita coisa

não; bastou suceder o chamado assédio transitório e o grupo foi se desagregando.

Os adversários das idéias espíritas atuaram com discrição.

Na falta do auto-policiamento, conseguiam grandes feitos com o assédio transitório, visto que, sabendo ser impraticável a chamada obsessão pronunciada, adotaram esta técnica para agirem, pois que nessa situação não se precisa acoplar-se as mentes baseado em vinculação de experiências encarnatórias precedentes, cujo ódio há muito tenha feito o trabalho da associação mental doentia.

O assédio transitório é oportunista.

Pega um hoje, outro amanhã, mais outro depois e cada qual daquelas vítimas poderão influenciar negativamente as outras, patrocinando desuniões, inimizades, distanciamentos, incompreensões, aversões e ressentimentos.

E o amigo concluiu:

– As portas que foram abertas com tamanho entusiasmo não resistiram muito tempo e foram fechadas.

Onde a oração e a vigilância falta, as trevas fazem a festa.

CAPÍTULO 12

BALAS E PIRULITOS

Sem delongas, evitando prolixidade, passo ao relato de interessante experiência que certo confrade nosso vivenciou quando no corpo físico.

– "Fui vítima de mal entendido."Assim iniciou suas sábias colocações. E quando nos vemos em situação tal, as emendas são prejudiciais. Na condição de responsável pelas atividades daquele referido templo espírita, já com a avançada idade de oitenta anos, não fosse a longa carga horária no contato com os ensinos de nosso abençoado Espiritismo, creio que teria perdido a tolerância e teria tido o desprazer de desencadear uma inimizade no lugar de uma saudável amizade que estava nascendo qual tenra plantinha que pede justos cuidados para prosperar.

Certa ocasião, quando a fase de nossa reunião pública caminhava para a finalização, pedi a palavra, já que na circunstância não era eu o dirigente e me dirigi com extremado carinho ao público e sugeri que, quem pudesse, encaminhasse seus filhinhos para as aulas de evangelização, e disse sem previsões de ofensas que ao final sempre ofertávamos substancioso lanche, às vezes bolos, doutras pães com variados recheios, bolachas e outras coisas mais.

Quando a reunião terminou, as pessoas, uma a uma, foram se dispersando e, como de hábito sucedia, já me acostumara a recolocar as portas escancaradas nas condições seguras e trancá-las com todo cuidado e atenção; o mesmo fazia com as poucas janelas, três, e depois me retirava.

Os confrades, membros de nossa casa, cada qual se apressava em retornar alegando obrigações que lhes requisitavam retorno urgente. Então, embora me sentisse só naquele que não julgava rotina, mas satisfatório dever, naquela noite notei que um homenzarrão bem vestido me aguardava na única porta, fluxo de entrada e saída, sem que me fosse possível contornar volta, caso fosse o fato de outra natureza.

Sem que me dirigisse qualquer palavra a distância, esperou a minha aproximação e, de vozeirão ríspido que jus fazia à sua avantajada estatura corporal, foi dizendo sem rodeios:

– O seu recado me fere.

Eu, com as pernas trêmulas, mas confiantes em Deus e nos Espíritos, indaguei a que o irmão se referia.

Sendo audacioso e ao mesmo tempo de atitude debochada, pegou-me pelos braços, quase me arrastando visto que minhas pernas não anuíram com a locomoção brusca e lá fora me mostrou um daqueles carros modernos à época e perguntou-me irônico:

– O senhor tem um carro belo quanto este?

Respondi que não, apontando a singela condução que ali me levava às noites de terça, quinta e sexta-feiras.

– Pois é – prosseguiu –, tenho filhos pequenos, dois; um de cinco e outro de oito. Tenho desejado muito trazê-los nas chamadas aulas de moral cristã, mas o senhor me ofendeu. Não entendi bem essa coisa de lanche que o senhor fala. O mencionado me sugeriu alguma insinuação às pessoas, chamando-as de indigentes e preste bem atenção, meu irmão, meus filhos não passam fome em casa e se aqui um dia vierem, será por Jesus, não para degustarem migalhas.

Não nego que minha face se corou, mas não foi de raiva, sim de súbita vergonha, porém, como tenho aprendido com a Doutrina a adotar comportamento equilibrado em circunstâncias atípicas qual aquela, dei-lhe um sincero sorriso e acrescentei:

– Ah, meu irmão, perdoa-me, foi um mal-entendido. É que nesse dia nossa casa fica em festa para receber os pequeninos, então, assim como em sua casa ou na minha mesmo, os nossos hóspedes são tratados com carinho, aqui também são nossos convidados e tudo fazemos para recepcioná-los bem.

Notei que agora quem estava de face corada era ele.

Ficou mudo, olhou-me profundamente nos olhos e saiu me desejando uma boa noite.

Duas semanas se passaram, havia me esquecido do ocorrido quando pára à frente de nosso humilde templo aquele belo carro. De dentro dele saltam duas crianças e mais atrás aquele mesmo homem com duas enormes bacias nas quais se viam saborosos pães recheados de carne moída.

Antes procurou-me, pediu desculpas e disse que minha atitude o tinha convencido quando tão agressivo se viu desarmado em suas colocações deselegantes...

Dali daquelas reuniões, lembro-me qual se fosse hoje, quanto bons espíritas não surgiram.

Aliás, as duas crianças ainda brilham como renomados escritores espíritas.

E, para finalizar, arrematou:

– Eu mesmo fui atraído para a Doutrina Espírita motivado pelo interesse de ganhar balas e pirulitos.

CAPÍTULO 13

DESOBSESSÃO DINÂMICA

Perguntou-me um amigo se conhecia a desobsessão dinâmica.

Ele, neófito na espiritualidade, porém, tão experimentado nestes assuntos, pois que na Terra havia se dedicado a esse trabalho por mais de seis décadas, deixou-me, após a pergunta a mim dirigida, perplexo e no curto período que ensaiava uma resposta, minhas idéias divagaram.

Fiquei pensando se não tratava o assunto de "novismos" que vez ou outra emergem no movimento por aventureiros confrades, olvidando que quaisquer tentames nesse sentido, que fogem do controle universal das comunicações dos Espíritos, não têm muitas vezes o selo da fidelidade.

Depois de certo tempo, respondi que não sabia lhe dizer a que se referia o assunto.

O confrade, revelando a sapiência que lhe caracteriza, explicou-me, solícito:

– A desobsessão dinâmica não é nenhuma técnica destinada a se aplicar nas salas comumente reservadas ao contato com os Espíritos em sofrimento, que se beneficiam em trabalhos tais da enfermagem espiritual.

Tomou fôlego e avançou no perfeito encadeamento das idéias:

– Ela geralmente se inicia no primeiro contato que o médium enfermo ou o assistido tem com a casa. Está simbolizada no tratamento do passe, na oratória, nas reuniões de estudo e nas destinadas à projeção da assistência social. Além, vai nos contatos fraternos que o médium assediado tenha com os Espíritos esclarecidos. Isto porque, geralmente, o desencarnado que assume a alcunha de algoz que lhe dão estará presente em todas elas, beneficiando-se do socorro conjunto com a sua vítima. Em circunstâncias variadas, prosseguem mesmo além das noites reservadas ao reparo das forças fisiológicas pelo sono. Em qualquer trabalho que o médium se envolva com a casa espírita, ele estará sendo alvo das atenções dos benfeitores espirituais que ali laboram. Outro detalhe que nunca me havia ocorrido é o papel de apaziguadores destas vinculações psíquicas desgovernadas que assumem muitos Espíritos, orientando pelo diálogo seguro, visitantes desencarnados que ali comparecem.

Hoje, reconheço que se as reuniões de desobsessões clássicas tivessem sobrevida independente das demais outras, os êxitos não seriam tão notórios.

Inconveniente é que medianeiros e a equipe em geral se prestem tão só a essas atividades, porque a casa espírita não pode se repartir em suas delegações nobres; tudo está em tudo. Em variadas circunstâncias, é justamente nessas outras reuniões que as vinculações psíquicas se efetivam, seja nas reuniões públicas, nas câmaras de passe, nas reuniões de sopa, distribuição de pães, em visitas a hospitais ou atividades outras.

E concluiu com brilhantismo:

– Eis aí, meu amigo, a justificativa quanto a desobsessão dinâmica, que tem na sala reservada a essas tarefas um padrão de referência, mas nas atividades gerais da instituição as suas desconhecidas origens de socorro e tratamento a médiuns e Espíritos vinculados muitas vezes por forças repulsivas de sentimentos antagônicos, ou seja, ódio declarado duma parte e da outra, a propensão ao perdão no suposto cenário em que vivem as vítimas.

Depois que finalizou as colocações, outro amigo arrematou com mestria:

– Que é a vida na Terra senão uma simbólica e constante reunião de desobsessão, em que estamos submetidos às doutrinações de uns dos outros e das próprias aulas da vida, dispensando a nossa presença para de futuro não retornarmos nas salas das casas espíritas da Terra para resolvermos pendências que a consciência acusa.

CAPÍTULO 14

DISCÍPULOS

Até hoje as alegres impressões daquela noite estão presentes em meu coração.

Tão brilhantes foram as colocações de um confrade que comungava na Terra os princípios espíritas e liberto há poucos anos dos liames que o prendia ao corpo, que não hesitei em pegar o diminuto caderno que transportava no bolso e rascunhei alguns apontamentos que presentemente recordo e passarei a lhes transcrever.

O assunto ventilado na noite mencionada discorria sob nossa condição de discípulos de Jesus.

Não houve qualquer silêncio no que diz respeito às dificuldades de relacionamento entre os tarefeiros desta ou daquela casa.

Alguém falou da projeção negativa do ciúme dispersando o grupo, senão mais pronunciadamente, pelo menos no arremesso das vibrações de antipatias que variadas vezes tende a assumir o papel da palavra contundente que gera inimizades.

Feliz colocação foi feita por um companheiro em relação à fofoca e os meios sutis de que ela usa para gerar sombras nos corações desavisados e geralmente de mãos desocupadas no que diz respeito à entrega plena aos propósitos do Cristo...

Todos falaram com conhecimento de causa.

Ali, nos lábios de cada um que antecederam a oratória do irmão que me sensibilizou sobremaneira, a teoria foi destacada com mestria, os problemas foram identificados, mas sem que necessariamente tivessem sido vivenciados por eles nas labutas diárias.

Aquele amigo, todavia, tinha a seu favor a experiência acre de ter vivenciado situações congêneres às comentadas. Quando lhe foi concedido o direito da palavra, iniciou de voz serena:

– Meus irmãos, na gleba entrincheirada de quatro paredes, embora fosse um templo espírita, na condição de diretor da casa, cargo que me concederam por votos unânimes, padeci imensamente os efeitos da invigilância dos corações que se diziam a serviço do Cristo na Terra.

Fofoca, ciúmes, melindres, críticas que derrubavam, trabalhos assumidos e evasão logo mais, distância de disciplina, interesses levianos, buscas injustificadas foram alguns dos problemas que de perto, a contragosto, presenciei.

Afirmávamos discípulos de Jesus, habilitando-nos a apaziguar os ânimos desgovernados da humanidade, mas em nossa pequena casa de número não excedente a trinta colaboradores, o entendimento era utopia.

Quando determinado dia me sentia de ânimo arrefecido em vista de tantos envolvimentos com questiúnculas, Bittencourt Sampaio, por intermédio de um de nossos melhores médiuns, veio ao encontro de nosso coração tão angustiado, fazendo essas oportunas considerações:

– Discípulos divergem de seguidores.

Estes últimos certamente caminharão sem maiores preocupações.

Muitas vezes interrompem os passos e depois avançam.

Não se comprometem tanto com a causa.

Discípulos, entretanto, deveriam se nortear pelo estado desperto da consciência.

Serão chamados a mostrar a direção para o Cristo primeiro pelas próprias condutas.

Não se desentendem porque primeiro se amam.

Nas picuinhas não se perdem porque não lhes sobram tempo para enxergar em derredor, senão dentro de si mesmos, nos momentos reservados à reflexão.

Discípulos se incomodam com o peso do título, os seguidores ainda não acordaram para essa realidade de extrema importância.

Filhos, os discípulos se amam e assumem no mundo o papel simbólico de seguidores do Cristo, com cruzes sobre os ombros.

Os seguidores simplesmente desviam da rota do sacrifício e se perdem muitas vezes em acusações, exigindo que o outro se coloque no cenário do calvário pessoal, dele esperando rastros de grandeza. Os discípulos se estruturam para retraçar os rastros de Jesus na Terra, os seguidores muitas vezes vão até onde lhes convêm e reiniciam às vezes, doutras não...

Depois que finalizou, notei que os olhos do irmão espírita se banharam de lágrimas. E lamentando, afirmou:

– Hoje reconheço que muitas vezes nos tornamos discípulos uns dos outros e nos tornamos partidários das mesmas imperfeições, dos mesmos comentários, das mesmas invigilâncias, e Jesus continua nos aguardando.

CAPÍTULO 15

DONO DA CASA

Há poucos dias comentávamos os problemas generalizados e tão presentes a todas as instituições espíritas.

Alguém do diminuto grupo do qual fazíamos parte lembrou os confrontos que às vezes se estabelece entre a madureza e a juventude numa casa espírita. Não faltou a opinião experiente de espírita recém-liberto do corpo, apontando na convivência na intimidade das quatro paredes da casa espírita o desafio maior, muitas vezes relegado em prol da missão que queremos assumir lá fora, negando por negligência o exercício do amor uns para com os outros.

Um rápido comentário acrescentou muito quando apontou o personalismo como joio em meio do trigo, medrando e prejudicando o andar da obra que pertence ao Cristo...

Quando houve um silêncio geral, ensejado pelas mútuas reflexões, um senhor simpático, veterano na Doutrina Espírita, alguém que na Terra tivera a alegria de ter conhecido pelas páginas de alguns periódicos espíritas, pediu o direito da palavra e começou a dizer:

– Fui o que se pode dizer o "dono da casa". Nunca de minha parte me preocupei em adestrar novos tarefeiros para o porvir. O trabalho se iniciava e encerrava com a minha voz. Apenas eu lia os trechos do Evangelho. Apenas no passe, visto que se tivesse muitas mãos, bem provável que não teria pedido colaboração de ninguém. Houve algumas vezes que não tivemos reunião porque eu estava doente. Ninguém tinha cópias das chaves; eu apenas as tinha e não confiava em ninguém para me substituir, aliás, meu ego equivocado nunca viu ninguém à altura para tais encargos e cargos. Eu era o presidente. Diziam amigos que nossa casa carecia de alguns reparos e eu relutei até quanto pude. Desencarnei subitamente. O tempo passou e fiquei por muito tempo preocupado com a casa que eu dirigia. Passaram-se alguns meses, acredito oito ou nove, e um dia o Dr. Bezerra me deu o prazer de uma visita rápida em vista das muitas atribuições que tem a cumprir e me surpreendeu quando me fez o convite para retornar àquela casa que esteve sob minha direção por muitos anos. Falei a ele que não saberia se teria como conter as emoções gratas que me iam visitar o coração e nem sabia se as lágrimas me deixariam enxergar com nitidez o ambiente onde estive por muito tempo. Aceitei e à tarde, conforme combinado, dirigimo-nos para o local esperado. Paramos de frente a uma casa ampla. De minha parte não vi quando repreendi o bom Bezerra:

– O sr. se engana, não é aqui. Deixei a casa em ruínas. Os tijolos se esfarelavam e os buracos apareciam. Sem rodeios, apenas me disse:

– Entremos.

No amplo salão à frente, na oratória, estava um jovem que, usando de ousados recursos, prendia a atenção dos freqüentadores agora, a meu ver, muitos. Pensei comigo: o Dr. Bezerra errou de endereço, quando, para minha surpresa, minha viúva aparece no recinto, após vir de cômodo anexo ao local e foi convocada pelo jovem para fazer a prece. Percebi que na saída, depois de cumprimentos fraternais, houve bela disputa no instante de fechar o recinto. Contei de maneira rápida quatro confrades com cópias das chaves.

Então, convidando-me a também me retirar, o sábio Dr. Bezerra concluiu:

– Você foi dono da casa até quando pôde, porém, agora os confrades presentes estão a serviço da causa, porquanto ela não tem dono a não ser nosso Mestre Jesus.

CAPÍTULO 16

ESTÃO VOLTANDO

Certa noite, no Rio de Janeiro, quando tivemos a satisfação de receber em nossa casa espírita a presença tão concorrida do médium Chico Xavier da boa cidade de Uberaba, quando num instante pudemos nos privar com ele num café à tarde, que em nossa residência lhe oferecemos, não me contive e externei-lhe certas preocupações que já à época me causavam desassossego quanto ao movimento espírita, vítima de tantas investidas negativas que lhe denegriam os propósitos.

Então lhe disse esperando abrir-lhe um pouco mais a boca no sentido de mais amplas considerações, já que o médium mineiro era de poucas palavras, mas de profundas repercussões em nossas reentrâncias os seus efeitos.

Então lhe disse:

– Preocupa-me muito os chamados movimentos paralelos.

E ele, na sua sapiência nata, com sorriso matreiro, considerou com brevidade:

– Se é paralelo, é secundário, não é o principal. É obra dos homens, das dissensões, dos orgulhos, das rivalidades, do personalismo requerendo projeção. O Espiritismo não nasceu das mãos de Allan Kardec. Quem o presidiu e preside é Jesus e seus auxiliares. Meu filho, não se preocupe, aquilo que o Pai não plantou, não vinga.

De minha parte, dei-me por satisfeito. Não iria voltar ao assunto para não lhe incomodar, já que havia captado o que, com brilhantismo, ele havia me dito.

Quando de costas para ele, manipulava alguns livros de sua lavra na minha biblioteca que se orgulhava de atestar a presença daquele autor em parceria com os Espíritos, ele mesmo voltou a considerar:

– Nosso Emmanuel me pede para considerar que é feito uma reciclagem permanente para que o Espiritismo não se desencaminhe. Aqueles espíritas descomprometidos estão retornando às plagas espirituais com intenso drama de consciência e outros estão voltando para servir com responsabilidade à causa.

Concluiu o médium e nunca mais me preocupei com este assunto, entregando a Jesus essas questões que não devo encarar com ânimo abrasado.

CAPÍTULO 17

GUIA COLETIVO

O assunto tornou-se motivo de debate para nós. Foi levado para discussão em grupo, o problema tão generalizado entre os grupos espíritas que clamam pela presença de um guia que mais presente se faça no contato com confrades que exaurem e reexaurem suas forças em obras que visam propagar a vontade do Cristo no torrão planetário.

É verdade que existem aquelas casas espíritas que, por disporem de médiuns adestrados para tanto, captam as recomendações dos orientadores espirituais.

Entretanto, é comum ouvir afirmações que nos levam a pensar ou supor que certos grupos vivem à procura de guias que desconhecem.

Então no meio da discussão, após tantos ressalvas serem apreciadas com devido respeito, um senhor expondo flocos brancos no couro cabeludo, que revelava-lhe a experiência recente, longa e abençoada servindo à causa espírita, questionou a todos nós se alguém ali tinha conhecimento de um guia que ele havia alcunhado de coletivo.

Eu, por minha vez, fui o último a opinar, mas nenhum dos presentes conseguiram chegar à conclusão que o irmão havia formado.

Naquele momento, muitas nomeações foram citadas, cuja finalidade era a de apontar o guia que tentávamos descobrir.

Alguém, espírita veterano quando na Terra, fez referência a Jesus.

O simpático irmão que estagiava na senilidade fez um gesto com a cabeça como a dizer que não era.

Outro, que escritor fora na Terra, lembrou do Espírito de Verdade e da equipe que havia colaborado com Kardec na codificação, mas debalde fora a assertiva.

Finalmente, coube a mim ressaltar a opinião e pensei que meu ponto de vista correspondesse ao que ele pensava; falei que possivelmente poderiam ser os ensinamentos bíblicos, de caráter universal.

O lúcido espírita olhou-nos profundamente e afirmou que as nossas observações não estavam incertas, porém, que não haviam culminado com precisão no ponto a que se referia.

Lamentou por sua vez o papel que casas espíritas, médiuns e tantos assumem quando se apegam tanto ao problema dos guias.

Falou com segurança que hoje estagiamos num patamar em que nossas responsabilidades e decisões têm que ser maduras e mais independentes.

E, para satisfazer a curiosidade geral, fez breve silêncio, deu nova entonação na voz e arrematou sereno:

– Ele é o guia coletivo.

Está ao alcance de todos.

Não há castas privilegiadas que de suas direções seguras se apropriam.

Não é a intercessão direta do Alto, mas abre os canais de comunicação com os planos superiores, visto que a espiritualidade contribuirá no labor de apontar nortes, senão pela consciência dos próprios homens.

Então, meus filhos, peço que imaginem, entre aspas, "é o estudo doutrinário".

Ele é o guia coletivo de todos nós que militamos na seara espírita, e digo mais: se o usarmos devidamente, ele dispensa as opiniões de muitos guias.

É por meio dele que, mediante o discernimento aflorado, os Espíritos direcionam trabalhos sérios, sem que necessário sejam fenômenos mediúnicos alarmantes, bastando apenas as sutilezas das inspirações.

CAPÍTULO 18

MÃOS TRAIDORAS

Em boa conversa que entabulávamos com alguns amigos, um confrade recentemente desencarnado pediu-nos a palavra e, a princípio, nada disse, deixando pairar no ar um silêncio angustiante. Olhou para as próprias mãos e antes que quebrasse o mutismo daquele momento, lágrimas brotaram de seus olhos, como que liberando-lhe a voz sufocada que logo saiu pronunciando certas palavras que nos aguçou a curiosidade:

– Tive – disse ele – mãos traidoras na Terra. Não quis dizer mais nada no momento.

Entreolhamos os presentes junto dele e de nossos olhares como que se tornava visível o ponto de interrogação em vista das reticências que o amigo mencionado deixou ali naquele ambiente.

Seguiram-se outras colocações, mas ninguém de nós conseguiu disfarçar o interesse que os dizeres daquele confrade neófito nas paragens espirituais havia nos suscitado. Todos sabíamos que o amigo recém-liberto da carne havia se dedicado ao agigantamento da divulgação dos princípios espíritas. Era um trabalhador de referência na região em que viveu na derradeira existência. Não compreendíamos o porquê de vê-lo assim tão abatido, retrancado, choroso e pouco entendemos o que o motivou a olhar as mãos com tanta melancolia e chamá-las de traidoras, isto traduzindo o pensamento que pretendeu fazer compreendido.

De voz entrecortada, levantou-se e pediu a condução da palavra, porquanto segundo dizia queria se fazer compreendido. Não teve dificuldade no seu intento, pois que a curiosidade havia disseminado inquietação em nós e sem delongas, num átimo, tão intenso era o silêncio que se podia ouvir o sussurro do vento lá fora que balançava algumas árvores. Iniciou dizendo:

– Amigos, sei que não posso fugir de mim mesmo. Espíritas atuantes que foram e por minha vez também o fui, impossível negar minha identidade perante vocês e a de vocês perante eu mesmo. Se brilhei no movimento de nossa doutrina, não posso negar que também propaguei sombras. Na teoria me via preparado. Entreguei-me ao estudo das obras de Kardec, fui considerado perante meus contemporâneos profundo conhecedor de assuntos espíritas. Modestia à parte, fui, se assim houvesse, um "papa" no Espiritismo, tão vasto era o arsenal de meus conhecimentos. Mas hoje sei que não bastou ter em Terra um intelecto assim. Meu coração não estava tão educado a ponto de estar no mesmo nível do tablado de meus conhecimentos. Quando disse que minhas mãos me traíram, é porque fui escritor espírita. Escrevi para muitos jornais e nem sempre atinei naquilo que nascia de meu punho. Quantas vezes agredi e sofri agressões em resposta a artigos polêmicos que havia escrito. Ataquei confrades e eles também me atingiram. Esqueci-me que podia ter dado às minhas mãos ocupações mais nobres. Enquanto me indispunha com os confrades, livres quanto eu para se expressarem, as pessoas precisavam de um pão ou de um prato de sopa que minhas mãos nunca quiseram doar em virtude da impossibilidade que lhes criavam meus próprios interesses. Poderia tê-las em ação no trabalho de passe ou nalguma atividade mais nobre.

Olhando para cada um de nós que estávamos surpresos com o exposto de sua experiência pessoal, arrematou dizendo:

– Estou aqui, minhas mãos me traíram. Quantos não virão após e quem sabe falarão em traição dos lábios, dos olhos ou dos ouvidos...

CAPÍTULO 19

NÃO BASTA DAR PÃO...

"— A casa espirita a qual trabalhei quando no corpo físico..."

Iniciou um confrade de nossa Doutrina produtivo diálogo numa reunião cuja finalidade para nós era a de revisar nossas condutas após a morte, identificando assim os possíveis erros cometidos, confrontando com os princípios que esposávamos.

Destas reuniões certamente colheríamos muitos frutos.

E o confrade avançou nas considerações –, prestava intenso trabalho de assistência aos irmãos carentes e um trabalho que até hoje me toca profundamente a alma é o da peregrinação, visto que tão vasta era a multidão de trabalhadores naquele dia, somando mesmo com crianças, mulheres e idosas carentes que nos acompanhavam, que o cenário lembrava o labor abençoado de Jesus, que se via cercado dos aflitos.

Imprimimos um certo dinamismo nesta tarefa.

Além do pão e do leite, os benfeitores que nos

dirigiam por intermédio de médium amigo, sugeriu que nessas reuniões que se pudessem os confrades, deveriam reunir jornais já lidos, revistas, livros usados e doar para os assistidos, bem como gêneros alimentícios, roupas, sapatos e tudo mais que nos fosse possível.

Alguém entusiasta por natureza sugeriu que se rastreasse nas casas dos assistidos datas natalícias das crianças e vez ou outra, um bolinho singelo aparecia nessas casas onde nunca se ouvia o "parabéns para você". O amigo suspirou fundamente arfando ar, a qual se aquele ponto da história relatada lhe tivesse marcado para sempre as reminiscências e depois prosseguiu, embora de voz entrecortada por soluços e da face o pranto surgia vertiginoso.

Demorei, meus amigos, para me ajuizar que não bastava só os pães, os leites e os outros donativos mais.

Lembro-me agora com tristeza que certa feita ao adentrar numa das casa assistidas, no tumulto do entra e sai, a mãe das pequenas crianças, cada qual retratando a miséria na qual viviam, procurou-me à porta com o olhar melancólico e me pediu o obséquio de, ao final da tarefa, trocar com ela, conforme seus dizeres, rápidas palavrinhas.

Terminada a prece ali, depois de palavras bem postas dos comentaristas, aleguei pressa e lhe prometi retornar num dos dias da semana que, por leviandade, não cumpri com minha palavra...

Hoje eu compreendo que a pressa por vezes mecaniza nossos sentimentos e interfere na qualidade da prestação de nossos serviços em nome do Cristo.

Um dia após aquele que lhe havia prometido um encontro comigo, fui procurado nos labores intensos de nossa casa por um de seus filhos, criança de oito anos, pedindo-me visitar o lar em que moravam com certa urgência.

A criança conseguiu despertar-me a curiosidade, nada me dizendo e indo apressada, dispensando mesmo a carona no meu carro, e fui logo depois de resolver certas questões de nosso templo.

Em chegando lá, estranha movimentação de pessoas fez com que meu coração se acelerasse prevendo o pior.

E de fato era uma tragédia.

Já no cômodo em que moravam, à luz de um lamparina, assisti o fechar da tampa do esquife; lá dentro, aquela mãe, inerte, de pálpebras cerradas, escondiam aqueles mesmos olhos que parece que via-os de novo tão melancólicos.

E terminou:

A consciência me acusa severamente. Fico pensando, será que não teria sido um instrumento da misericórdia Divina, evitando o suicídio que cometera?

CAPÍTULO 20

NÃO SOBROU NINGUÉM

Em amistoso diálogo, um confrade que havia militado na Doutrina Espírita na região do Rio de Janeiro confidenciou para o grupo do qual eu fazia parte interessante experiência concernente à direção de determinada casa espírita.

Nossos ouvidos se postaram atentos e minhas mãos ágeis iam registrando os pontos chaves da confissão que nos fazia.

Na ocasião, ele revelou que fazia revezamento com mais quatro amigos, na idade da madureza, e todos em comum nunca tiveram um relacionamento fraterno com a juventude. Lamenta a postura adotada por muito tempo. Ninguém que passava pelo temporário cargo de presidente da casa olhava fraternalmente os trabalhos da juventude. Dos citados, ninguém se destacou que pensasse de outro modo. Ninguém concedia oportunidades para que a mocidade iniciasse os passos, abraçando compromissos futuros. O tempo correu célere e, como ele disse, as surpresas se sucederiam uma após as outras. Dos cinco membros de frente, agora restava ele e outro companheiro. Seguiram-se mais alguns anos e os problemas de relacionamento com os moços permaneceram inalteráveis.

Entretanto, não demorou muito e aquele amigo que com ele fazia revezamento no cargo de direção também retornou para o plano espiritual. Nosso confessor disse que mesmo assim continuou sustentando a mesma opinião do pretérito. Da parte dele, nada fez que aproximasse a juventude da madureza. Em seus relatos, destacou que nunca, como os demais, preocupou-se em ouvi-los, pois já tinha um conceito formado a respeito.

Atravessou a existência enxergando não companheiros em fase de preparação para o porvir, mas rivais com a intenção de intervirem nas atividades da casa.

Todavia, um dia chegou em que ele ficou retido no leito e, para que a coordenação da casa não ficasse ao léu, confrade de cidade vizinha fora convocado mediante prévia indicação de conceituado espírita de suas relações. Em precedente encontro com o derradeiro presidente, a pessoa que assumiria o posto em caráter temporário foi elogiada por muitos; era estimada nos meios de comunicações, já havia participado de vários programas de rádio e televisão e corria um boato que conceituada editora espírita já aguardava uma obra de sua lavra.

Porque a saúde dele havia se agravado, o espírita que havia apadrinhado o outro para o cargo temporário até que as coisas fossem colocadas nos seus lugares, apressou-se em providenciar a devida apresentação para que soubesse de quem se tratava.

Agora no leito do hospital, com os laços que ligam o corpo ao espírito quase rompidos, percebeu com dificuldade que a porta se abria. Para sua surpresa, junto ao espírita seu amigo, depara-se com um ex-integrante da mocidade de sua casa espírita, agora em idade mais madura e a pessoa ali à sua frente no passado fora alvo de maus tratos por causa de mal entendidos.

Dois dias depois, o último dos coordenadores retornava à pátria Espiritual.

Dos ex-conservadores não sobrou ninguém e mais grave ainda, ninguém foi preparado para compromissos futuros.

CAPÍTULO 21

NEM DOS PRÓPRIOS CONFLITOS

"– Devo a um amigo espiritual o incentivo para mudar decisivamente a rota que precedentemente percorria."

E nós, os ouvintes interessados nas colocações daquele que na Terra havia tido modesto destaque nas frentes de labores espíritas, já imaginávamos como seria o desfecho da sua história pessoal.

Olhou-nos a todos com ternura refletida nos brilhos dos olhos e pediu permissão para continuar seu relato expondo fato verídico que havia sucedido em sua vida em várias circunstâncias.

Afirmou que antes de ser espírita compromissado com as advertências das lições hauridas no dia a dia, havia prejudicado muitas pessoas graças a interesses pessoais que sempre prevaleciam em detrimento da própria amizade. Induzido pelas sugestões das finanças avantajadas, nunca se preocupou quais os meios que usou para prosperar; nunca se voltou para a retaguarda para ouvir prantos e notar lágrimas que de muitos olhos verteram.

Não sonegou a verdade, revelando com humildade as mãos que, mediante suas informações, um dia foram tisnadas de sangue, portanto num surto de invigilância havia interrompido a vida de um infeliz que lhe devia certa quantia em dinheiro.

Ao se tornar espírita, todavia, revelou que nos primórdios desse contato sempre se via no local errado e suas imperfeições consistiam em reais e intransponíveis obstáculos.

Mirava à frente, mas suas condutas de outrora lhe fazia voltar para trás e, como que enigmático convite, lhe falava para que mergulhasse nas sombras que nada mais eram que projeções de seu íntimo.

Falou que por longos anos freqüentou as reuniões, porém, as acusações da consciência lhe fazia envergonhar-se por estar penetrado num agrupamento de aprendizes de Jesus.

Nunca quis se dedicar a qualquer trabalho, aceitava passes e palestras, mas a angústia duradoura não lhe dava tréguas.

Saía e voltava às reuniões sem notar mudanças satisfatórias, mesmo porque eram amaldiçoadas devido ao drama que carregava.

Apesar dos problemas íntimos, a persistência e a disciplina do amigo em questão estava sendo analisada pelos experientes olhos do presidente da casa.

Aos poucos o grupo foi estruturando este amigo para abraçar tarefas mais delicadas na instituição.

Até que por fim o dia chegou em que a custo de muitos, aceitou ser membro da reunião de desobsessão na condição de mero observador que auxiliaria com as preces tímidas que agora proferia.

Certa feita, quando o silêncio imperava, o guia que finalizava as reuniões semanais que aconteciam lhe disse que deveria se ocupar com os problemas alheios para se esquecer dos próprios.

Pediu-lhe encarecidamente que se dedicasse a repartir o coração com as crianças vítimas de processos cancerígenos na Grande São Paulo.

Prometeu que aceitaria o desafio e tão logo se cadastrou como voluntário nesse setor.

Envolveu-se sobremaneira; muitos pequeninos morreram nos seus braços.

Quantas criancinhas lhe apelidaram de paizinho.

Quantos gemidos de dor presenciou.

Quantas crianças de olhares súplices já lhe pediram para que não as deixassem passar para lá das sepulturas...

Chorou em silêncio nos corredores.

Passou a se julgar útil...

Passaram-se apenas três meses e o irmão revelou a face mais radiosa.

Então certa noite o benfeitor concluiu as despedidas, dizendo:

– E você, meu irmão, nem dos próprios conflitos já se lembra!

CAPÍTULO 22

NEM TUDO É MEDIUNIDADE

"— Nem todo distúrbio nervoso se ajusta ao assédio de Espíritos infelizes que vinculam suas mentes desequilibradas aos que estejam sintonizados na mesma faixa vibratória."

Assim iniciou com desembaraço suas colocações um confrade de nossa doutrina em diálogo proveitoso conosco e com um grupo de amigos profitentes da mesma crença.

Prosseguiu de voz serena e penetrante:

– Lembro-me que certa jovem oriunda de outra casa espírita, quando ainda me encontrava no corpo, procurou-me tão deprimida e habitualmente ingeria duas ou três espécies de medicamentos, acessórios que eram para o seu drama. Relatou-me chorosa que estivera numa outra casa espírita em busca de norte para seus passos tão conturbados em virtude de gigantesca tristeza que lhe havia suprimido todas as perspectivas de vida e feito com que a esperança se apartasse para sempre do seu convívio. Disse que não logrou qualquer equilíbrio; percebeu mesmo que durante o tempo que ali esteve freqüentando, seus problemas medraram consideravelmente.

Confrade precipitado ao vê-la num caso tão deprimente orientou que o caso se devia à hipnose de Espíritos e que só no exercício da mediunidade a jovem teria a alegria que enclausurada estava na sua própria alma, esperando-lhe a ação na gleba do exercício das faculdades psíquicas.

Estranhamente, compelida foi a empunhar um lápis, mas sequer um rabisco nasceu de suas inexperientes mãos.

Experimentaram a psicofonia, mas o mutismo de três meses fez com que o desavisado confrade renovasse os tentames.

Convidaram-lhe a sindicalizar o local e pela vidência registrar quadros que lhe fossem mostrados pelos instrutores espirituais, porém, para a decepção geral, a moça nada via que outros olhares com ela não houvessem compartilhado esse registro.

Foram feitas muitas reuniões suplicando que esse algoz invisível aparecesse e não se acovardasse por detrás da própria invisibilidade.

No centro, em casa, em qualquer lugar, a depressão lhe minguava a vontade de viver.

E arrematando, o irmão disse:

– Passei a entender que, na condição de socorrista espiritual, temos que ter muito critério. Nem todo distúrbio nervoso, qual seja depressão, síndrome do pânico, insônia e outras mais, estão relacionadas à presença de mediunidade, mas o serviço prestado pelo passe, as palestras, a água magnetizada e o vínculo com as atividades assistenciais da casa têm valor inconcebível.

O desfeixo foi feliz, arrematou o amigo, o caso da irmã foi solucionado.

Não era nenhum Espírito que a perseguia, sim reminiscências que acordaram na profundidade da sua alma. Ela tinha imperceptível conhecimento que no passado havia tramado o desencarne daquela que era agora sua mãe e que tão bondosamente lhe acolhera desde o berço aos dias da juventude que vivia.

CAPÍTULO 23

O CUSTO DO EQUILÍBRIO

Quando o amigo me disse há poucos dias em diálogo fraterno aqui na espiritualidade que o equilíbrio tinha um custo, confesso que logo associei sua afirmação a cifras.

Veio à minha cabeça a estabilidade financeira, muitas vezes nos resgatando de situações tão amargas ao coração; diga-se aliás nos ajudando a fugir principalmente do estresse da vida moderna. E tudo isso me levou a pensar na base de uma família modestamente estruturada, tendo, portanto, o necessário de que precisa para sobreviver. Veio-me à cabeça o encaminhamento tranqüilo dos filhos para os bancos escolares, os planos de saúde, enfim, o que no meu engodo notório eu achava que justificava como o custo do equilíbrio.

Para minha surpresa, parece que adivinhando minhas suposições, foi fazendo perfeitas emendas na dissertação que desmentia o que no momento me atravessou a mente. Avançou seguro:

– São muitas idas e voltas para dentro de nós mesmos. A vigilância deve ser permanente, qual sentinela, não deve abandonar seu posto de observação. O orgulho muitas vezes deve ser posto na lixeira da vida. Quantas vezes os pontos de vista devem ser esquecidos. De quantos ganhos não temos que abrir mão. São muitos exames e reexames na consciência. O rigor pede aplicação justa em nosso caminho. Quantos retornos frustrados se sucedem após o retorno ao nosso interior. Quantos passos titubeantes no início e depois se aprumam com o resultado educador que as experiências portam em nossas trilhas. Quantas vezes nossos pensamentos sobem céleres ao céu em busca de socorro nas horas de turbulências. O equilíbrio tem um custo permanente e não pode notar displicências de nossa parte.

Entretanto, meu irmão – falou o nosso palestrante, mirando exatamente nos meus olhos –, as lutas abençoadas da Terra funcionam em nossa estrada evolutiva como degraus que nos conferem a verdadeira subida na busca dos valores do espírito. Equilíbrio verdadeiro não pressupõe subtração de problemas, visto que são eles que justificam o seu exercício e preponderância. Aliás – terminou o irmão –, as aflições terrenas sempre funcionarão como ponte, diminuindo a nossa distância do Criador.

CAPÍTULO 24

O DESCANSO DOS GUIAS

Naquela noite, o assunto versado se referia à existência de pseudoguias que muitas vezes exercem o monopólio do bom senso de variados espíritas, propalando em torno tantas confusões, incoerências e condutas que denigrem a imagem do Espiritismo, que sempre devem se pautar nas diretrizes de Kardec.

Foi dito por alguém do grupo que paralelamente àqueles que exercem cargo de presidentes de casas espíritas, há muitos espíritos desencarnados qual muitos daqueles que de fato se acham donos de determinados templos espíritas, comprazendo-se que suas ordens sejam acatadas sem questionamentos.

Naquela oportunidade em que o direito da palavra peregrinava de boca em boca, muitas considerações foram feitas em vista do assunto, tão grave e que pede atenção de todos nós.

Porém, minhas atenções se detiveram em brilhantes apartes que um confrade de nossa Doutrina, recém-liberto do corpo, fez de maneira pausada, que adentrava em nossa intimidade, estabelecendo rápida conexão com a consciência, talvez porque a seriedade de seu caráter era tão marcante.

Contou-nos na ocasião que a casa espírita na qual teve oportunidade de dirigir em movimentada região da cidade do Rio de Janeiro passou por sérios problemas neste sentido.

Porque o irmão era portador de apurada faculdade mediúnica auditiva, à noite, antes de se deitar, era hábito seu auscultar as claras palavras que provinham do outro mundo vibracional, arredando o silêncio noturno.

Aquele contato para ele estaria marcado de surpresas sucessivas.

Num dado instante, registrou com precisão quando o seu querido benfeitor lhe disse:

–Vamos dar descanso para aqueles guias.

E o diálogo se estendeu madrugada adentro e, prudente, o irmão afirmou que, ao término das diretrizes sugeridas, célere, procurou por um caderno e colocou tudo no papel.

Nos dias seguintes, com rigor e disciplina, todas as recomendações passaram a ser realizadas na íntegra.

Os meses se passaram e tão logo a situação fora contornada sem alarde.

E o amigo rematou com bom humor:

– Os guias descansaram.

E porque dentre tantos que tinham a mesma curiosidade, eu lhe perguntara qual havia sido o conselho milagroso. Ele voltou a falar, sintetizando a conclusão:

– Investimos no estudo. O discernimento se ampliou, e aquelas viciosas condutas foram substituídas por contato íntimo e prolongado com os livros, dos quais saíram as mais brilhantes respostas e seguras orientações.

CAPÍTULO 25

O MILAGRE DE UM PÃO

Certa feita, estimado espírita que, quando na Terra, aprendemos a admirar em vista dos constantes esforços envidados, em diálogo com mais outros três confrades já desligados do corpo físico, nos relatou bonita história que nos levou às lágrimas devido aos detalhes tão marcantes que nos chegaram aos ouvidos, fazendo com que nossa memória nos colocasse no cenário onde o fato verídico havia sucedido.

Sem querer me alongar, recordo-me que assim se iniciou:

– Infelizmente, existem confrades espíritas que se revelam arredios à assistência social na casa espírita, qual se ela não fizesse plano da atuação dos benfeitores espirituais. De minha parte desaprovo os que assim cogitam e tenho motivos para tanto. Agora mesmo – o amigo reorganizou as idéias e prosseguiu – estou me recordando dum fato ao qual fui testemunha, porque conheço o cenário e as pessoas muito bem.

Companheiro de outra religião estava desempregado e o desespero lhe visitou as fibras mais íntimas do coração, tornando-o pessoa deprimida e de pouco diálogo em sua casa. O tempo em que ficara sem o ganho do pão foi suficiente para fazer com que suas contas se emperrassem; os aluguéis somaram-se em torno de três atrasados; igualmente armazém, farmácia e outras coisas mais.

A situação tão grave estava que certo dia resolveu pôr fim à existência, havia planejado tudo. Despediu-se dos familiares de olhos marejados, perseguiu com o olhar os filhos pequenos, que atrás ficaram com a esposa a lhe acenar as mãos, sem que nenhum deles suspeitassem da sinistra trama.

Era tarde, o Sol estava quase a se esconder quando ao seguir para o triste destino a que havia escolhido, porque avistou uma multidão de frente a uma casa espírita, parece que conduzido por meigas e invisíveis mãos, resolveu parar um pouco na fila. Não demorou muito e começara a abocanhar aquele pão com salame e ainda outros carentes da fila deram-lhe sacola para levar para os filhos e a esposa.

Naquele momento, o culto da tarde reservara a lição do Evangelho que se tratava sobre o tema "o suicídio e a loucura". O orador discorreu com mestria o tema. Ao terminar o simples culto, como era denominado, não foram poucas as pessoas que o viram enxugar os olhos várias vezes.

E finalizando, o espírita que havia nos prendido a atenção com sua palavra bem posta disse que aquele homem havia se tornado espírita, trabalhador de peso.

E eu que ouvia a tudo atentamente pensei logo comigo que jamais devemos menosprezar a dimensão do alcance do socorro do Alto.

Bastou um pão para propiciar o milagre da salvação de uma família inteira.

CAPÍTULO 26

O ÓBOLO DO ANCIÃO

"– Expressão máxima da caridade, registrei em um dos trabalhos patrocinados por uma casa espírita quando no corpo tive a oportunidade de freqüentar".

O amigo tomou fôlego, fez relativo silêncio como a querer reorganizar as reminiscências e avançou nas considerações daquela tarde radiante aquecida pela luz solar que mergulhava seus raios naquele ribeiro do qual nos acercávamos. Antes de pronunciar a primeira frase, olhou-nos um a um bem fundamente nos olhos e reiniciou a narrativa:

– Lembro-me como se hoje fosse, a fila era extensa.

Havia naquela tarde distribuição de cestas básicas e balas para as crianças.

O grupo ao qual me integrava estava coeso, embora disperso, observando o andar lento da fila.

Via-se estes mesmo lábios balbuciarem porquanto era costume do grupo manter-se em vigilância e prece preferindo tal postura ao invés de preferirem confabulações menos edificantes.

Eu que, por misericórdia divina, estava justamente no final da fila espreitando a multidão em torno, percebi que meus olhos se detiveram num velhinho, o penúltimo da fila, que mal se aguentava de pé; os músculos trêmulos, a pele ressecada, a face alcovada respondia sem maiores delongas que aquele senhor, com idade em torno de 70 anos, estava desnutrido.

Adiante dele, ao final da fila, uma mãe com aspecto similar continha numa das mãos uma simpática garotinha de seus 7 anos de vida, já tão atribulada desde seu retorno a um caixote improvisado de berço. Notei sem que quisesse que os olhares dos dois últimos assistidos agora estavam fixados nos confrades nossos que à frente entregavam o fardo de gêneros alimentícios às pessoas.

Para tristeza de todos nós, já se percebia que aquela mãe que trazia na face os sinais da melancolia iria ficar sem a cesta, depois de se expor por necessidade, de pé, por quatro horas debaixo de um sol causticante.

Enquanto muitos dos amigos espíritas, eu inclusive, não atinaram quanto ao tédio que do coração dela se apossaria, simplesmente afirmando"acabou", todos nós que poderíamos em vista do recurso que tínhamos adquirir outra idêntica, recebemos uma lição inesquecível.

Talvez tocado pelos dizeres da menininha que dissera em alta voz para a mãe que não bastariam as balas para afastarem a sua e a fome do pai doente e dos outros irmãos, o ancião assistido simplesmente falou:

– Entreguem a minha cesta para esta senhora.

Coramo-nos em conjunto, ninguém de nós teve coragem de contestá-lo. Mas cada um dali retornou ouvindo um forçado sermão da consciência e revivemos naquela época a lição do óbolo, agora não de uma viúva, mas sim de um ancião.

CAPÍTULO 27

O PÃO ABRE CAMINHOS

"– Quando no corpo – iniciou um companheiro em amistosa conversa no plano espiritual, reunião esta que tivemos o júbilo de fazer parte, e prosseguiu –, militei no campo espírita, integrava-me a uma equipe que realizava inúmeros trabalhos na área da assistência aos irmãs carentes. Eu, tão crítico como era, pessoa de pouca palavra, ríspido por natureza, sempre olhava o fluxo da dita tarefa com certos ares de reprovação. Habitualmente naquelas filas quilométricas, notava comentários maledicentes por parte de alguns dos favorecidos como a nos taxar de abobados assumindo responsabilidades que certamente deveriam abraçar. Porque fosse investigador por natureza, quando me dirigia a nosso templo de atividade em dias da semana, geralmente à tarde, depois dos compromissos espirituais, já que sendo na derradeira estadia no corpo um odontólogo, minha carga horária me permitia certo ócio à tarde, sem dizer que um berço de ouro já me precedia o retorno à Terra.

Então, sol alto, quantas vezes me deparei com muitos daqueles, a sós ou acompanhados das esposas, embriagando-se em bares da redondeza, ou tinha o desprazer de alcançar com os olhos alguns sentados nas portas de suas casas, não se preocupando em ir à luta na busca do pão, porquanto sabiam que comumente lá estaríamos lhes ofertando recursos que muito bem podiam lhes chegar às mãos pelo abençoado suor advindo da profissão seja qual fosse.

Não omito que embora me considerasse um companheiro de frente, no íntimo eu era atormentado por minhas perquirições descaridosas. Notando o interesse evidente da maioria, senão todos, em apenas ganhar pães, leites, roupas ou gêneros alimentícios, nunca dispostos a ouvir as sintetizadas palavras dos oradores teimosos que disputavam destaque com a balbúrdia na esperança de um dia receberem o galardão do silêncio que tardava sobremaneira.

O povo se acotovelava uns nos outros, mas nada queriam com Jesus e com moralidade saudável, então permaneci por longos anos não detectando com exatidão o valor de nosso humilde, contudo assíduo trabalho inspirado que era nas lições do Cristo.

Certa feita, numa reunião de desobsessão, para minha surpresa, naquela noite que as estrelas cintilavam mais belas, foi o Dr. Bezerra de Menezes, filho da cidade de Riacho de Sangue, no Ceará, desencarnado no ano de 1900, que deixou suas palavras finais.

Na ocasião, meus amigos, o irmão tomou fôlego, quais se conchas fossem suas mãos, e colheu duas visíveis lágrimas que lhe rolaram dos olhos para a face e sem querer se disfarçar, prosseguiu de voz entrecortada. Na ocasião, chorei copiosamente e, como agora, essa lembrança me tocou o coração.

Tive a felicidade de receber do Dr. Bezerra uma advertência que nunca esqueci. Sua voz meiga, revelando profundo respeito por Jesus e gigantesco amor pela humanidade, arrematou, dizendo:

– Filhos, não vos desanimeis de fazer o bem. O pão abre caminhos outros na vida dos assistidos e não são poucos os que se transformam.

CAPÍTULO 28

O SORRISO

Pedro Leopoldo, década de 50.

À mesa do grupo espírita Luiz Gonzaga, um jovem com mão posta no rosto e a outra dando sustentação ao lápis que, célere, deslizava sobre o papel, transformava-se em ponte, favorecendo o intercâmbio entre dois mundos destoantes em suas características de matéria.

Já madrugada, retoma a consciência.

Sai do transe.

Lê as mensagens.

Alguém entrega receitas aviadas.

Ele, porém, permanece firme no seu posto, atendendo algumas almas que na ocasião apresentavam prioridades que lhes incomodavam o coração.

Na fila, uma jovem provinda da cidade de Brasília era trazida pelo esposo, tão carinhoso quanto prestativo.

Em se aproximando do médium, filho das Minas Gerais, ei-lo que lhe surpreende com acertado comentário:

– Está lhe faltando sorrir.

E prosseguiu:

– As pessoas estão falando que a carranca está presa na sua alma, então liberte-se desta máscara imposta pelas contrariedades. Quando a pessoa aprende a sorrir, ela ganha, e muito. Além de irradiar simpatia, liberta-se de crises de dor de cabeça, porquanto os músculos faciais rígidos, relaxam-se e tudo fica bem, não é mesmo?

E terminou.

A moça não precisou falar nada, deixou o local em prantos; esse era de fato o seu drama.

CAPÍTULO 29

OS DE LÁ SÃO BONS

Esta história é verídica e aconteceu com uma assistida de uma casa espírita da região do Nordeste.

Agora fora do corpo físico, ainda trazendo os sinais da ingenuidade, a boa amiga relatou-nos com riqueza de detalhes certo diálogo que um dia sucedeu entre ela e um representante doutra religião que ainda acreditava na presença do demônio arrebanhando com esperteza a sua futura prole, embora muitas vezes demonstrasse nas próprias táticas pontos contraditórios.

Na ocasião me postei silencioso junto aos companheiros procurando assimilar com precisão a confidência que, portanto, nos fazia.

Tímida, revelou que era ovelha doutra seita e se colocava na condição de desgarrada, visto que, quando podia, dava uma fugidinha em visita à conceituada casa espírita que ainda milita com nobreza na citada região. Não omitiu que sempre se achava pecando em deixar seu templo e ir freqüentar esporadicamente um ambiente sagrado quanto as casas orientadas pelas diretrizes de Jesus e Kardec.

Contou-nos que, certa feita, quando retornava do dito local com sacolas abarrotadas de pães, leites e gêneros alimentícios capazes de suprir a fome ocasional, porém, constante dos seis filhinhos por um período superior a trinta dias, para sua decepção foi justamente com o representante da dita seita que encontrou, quase à porta de saída do templo de Kardec, que ele tão bem espreitava a distância tentando ajuntar motivos para difamá-lo.

A mulher, como ela própria diz, que tinha a tez amorenada, de súbito esbranquiçou-se e dos lábios o sangue fugiu, quase se desfaleceu.

O homem de Deus, como ele próprio o designava, de olhos esbugalhados, tomou-a sobre os braços e ali mesmo num canto debaixo de uma árvore, visto que o sol era causticante, foi-lhe pedindo explicações.

– Pois é, senhor, foi apenas uma visitinha rápida.

O homem que se achava único representante do Cristo no solo terreno foi lhe advertindo dos perigos que presumia; pediu-lhe que não mais voltasse lá. Para dramatizar ainda mais o caso, falou que ali era uma central do demônio e que todos lá estavam possuídos pelas forças do mal e condenados ao fogo eterno que arderia nas suas almas.

A pobre senhora, tão fraca em vista da desnutrição, visível em virtude dos episódios de fome que a família compartilhava, com esforço não se desgarrava das sacolas e inventava argumentos para justificar o erro que o outro lhe incutia na cabeça.

Já impaciente e querendo prosseguir a marcha, era tolhida nos seus movimentos, ouvindo uma pregação pública e exaltada.

Disse que após todas as tentativas para manter a paciência e o respeito pelo dito irmão, por fim se desequilibrou e falou, sintetizando as palavras:

– Pois é, meu irmão, o senhor fala na bondade de nossos anjos e no imenso amor de nosso Deus, mas nunca ninguém de lá me deu um pão para saciar a fome de meus filhos, então, errada ou certa, vou lá porque os demônios de lá são bons.

CAPÍTULO 30

PRECIOSA ADVERTÊNCIA

Uberaba, década de 60, o amplo salão da Comunhão Espírita estava repleto de pessoas oriundas de vários pontos do País.

Na mesa, concomitantemente, dois médiuns descansavam a cabeça com as mãos escondendo suas faces em profundo estado de alteração da consciência devido ao transe mediúnico.

Eram eles o médium Chico Xavier e o Dr. Waldo Vieira em pleno intercâmbio com o mundo espiritual.

Acotovelando-se uns aos outros, ali estavam também uma comitiva da cidade de Curitiba, que desejava se achegar ao médium de Pedro Leopoldo e adquirirem determinada orientação para o seu grupo espírita que agora se deparava com inoportuno impasse.

Já nas primeiras horas do dia seguinte, postados em extensa fila, aguardavam afoitos o esperado contato com o médium mineiro.

Apreensivos, aguardavam o andar sereno da fila, pois que o médium sempre fez questão de aguçar os ouvidos e transmitir rápidas orientações a quem lhe pedia, acompanhadas sempre de um ósculo nas mãos alheias.

No final da fila, já estavam se aproximando do irmão querido e entre o grupo havia buchichos paralelos, imperceptíveis devido a distância na qual se sucediam.

Um e outro ensaiava o que o líder do grupo haveria de dizer, esperando sintetizar o pedido ao medianeiro de Jesus.

Em se aproximando da mesa, todos se surpreendem e de olhos esbugalhados de espanto, um ao outro olha, porquanto presidente e vice foram tratados pelos próprios nomes, e Chico Xavier foi logo lhes dizendo:

– Assim fica difícil; não faço parte da equipe de vocês.

Dialoguem fraternalmente para chegarem a um acordo comum.

Então um deles, com a voz prejudicada pelo misto de espanto e emoção, conseguiu dar seqüência à conversa:

– Pois é, Chico, uns concordam, outros não.

Pessoalmente acho que devemos incentivar os assistidos de maneira tal. Sempre aos finais da sopa fraterna, praticamente escalamos determinadas senhoras para que ajudem a zelar conosco do patrimônio que lhes pertence.

E Chico avançou, sereno:

– Mas é muito perigoso, sugere cobrança e em nossa doutrina viemos para servir e não para sermos servidos.

Ao demais, a gratuidade deve estar sempre transparente em nossas atividades.

E beijando as mãos de cada um, terminou:

– Aguardem o pedido voluntário.

CAPÍTULO 31

PRESSA E INSPIRAÇÃO

Parece anedota, mas o fato é verídico.

Foi narrado por confrade nosso já há longos anos no plano espiritual.

Comentávamos em diminuto grupo de companheiros partidários da mesma crença os intrincados problemas concernentes à mediunidade e principalmente o sutil contato do médium com seus guias espirituais.

Quando, para nossa alegria, o estimado amigo que mencionei linhas acima e que havia na Terra militado nos trabalhos mediúnicos pediu o direito de conduzir a palavra.

De nossa parte e dos demais, a anuência foi unânime, visto que todos estávamos sequiosos de poder ouvir um pouco das experiências desse amigo que na condição de médium e espírita prestou relevantes trabalhos na região a qual serviu neste Brasil imenso e deixou quando se deu seu desligamento do corpo físico.

Começou assim suas sábias colocações:

– A pressa é um mal generalizado.

Eu que tivera equivocados conceitos a meu respeito, depois que transpus os umbrais da morte, fiquei informado que fora vítima desse mal por variadas vezes.

Ela age tão sorrateira que nem sempre atinamos para suas discretas investidas contra nossos propósitos mais sagrados.

Quem me revelou a verdade que desconhecia foi exatamente um daqueles mentores que tanto venerei nos anos os quais me dediquei ao singelo exercício da mediunidade, mas aprendi também a respeitar e acatar as advertências desse bom amigo sem corpo se assim posso dizer.

Num encontro que com ele tive após a morte, ele me revelou o quanto eu fora relapso com a questão da pressa.

Para minha surpresa, disse que nos contatos com o povo eu cheguei a captar com deficiência a inspiração que me direcionava ao pensamento que, como ele disse, muitas vezes estava ocupado com os ponteiros do relógio no braço ou voltado para os compromissos de somenos importância.

É verdade que desempenhei relativamente o que me coube na Terra em termos de mediunidade, mas apesar de até hoje ser admirado como sei que sou entre os saudosos confrades da Terra, eu sei exatamente qual foi meu desempenho no que concerne a produtividade nobre na vida de relação com os outros.

E, para concluir, foi logo arrematando:

– Hoje sei que pressa e inspiração jamais se combinam porque nesse sublime ofício o pensamento deve estar receptivo e tranqüilo, distante de quaisquer preocupações.

CAPÍTULO 32

PRUDÊNCIA

Certo confrade há pouco segredou-nos o fato verídico que transcrevo nestas laudas postas na mesa nessa reunião de intercâmbio conosco, os que retornaram para a pátria espiritual, depois de ouvirem as clarinadas do Criador em justa convocação.

O amigo, revelando certo pesar notado no próprio brilho dos olhos, iniciou seu desabafo:

– Meus irmãos, na condição de espíritas nem sempre norteamos nossa liberdade de expressão com justa reflexão. Dispondo de inexpressivo tempo que antecede o abrir dos lábios, o homem deveria triar com sabedoria aquilo que vai dizer, tendo ciência que depois dessa atitude estará interferindo sobremaneira na vida do outro, notadamente os mais sugestionáveis que chegam a acatar como lei, sem acertadas ponderações, aquilo que registram sem nata sabedoria.

– Recordo-me – prosseguiu – como se fosse hoje, quando adentrou em nossa casa espírita certa jovem pronunciando frases desconexas, vítima de intensas gesticulações que em verdade me afetaram sobremaneira. Eu que tão acostumado estava ao contato com os Espíritos que nos visitavam, de chofre nada percebi que revelasse qualquer sinal de mediunidade requerendo urgentes providências. Reconhecendo que o médium se depara com limites, esperei que no curso dos dias em que iríamos socorrer a jovem, que a entidade agressora se postasse, mais dia, menos dia à minha frente. Na conversa que tive com a mãe que a continha sobre os braços, nada soube dizer a não ser que o mal fora desencadeado a princípio por uma crise de depressão depois de haver se desentendido com o próprio namorado. Notou, disse a madura senhora devido aos cabelos retocados por fios esbranquiçados que se sobressaíam, que doravante à cena relatada, a moça ficou calada e chorosa. Orientada, disse a mãe, por uma colega a procurar certo templo espírita para tomar um passe revigorante e se abrir com um médium dito enviado de Deus, posteriormente voltou da forma a que hoje se encontra, doente e prostrada como está. Na minha prudência, por minha vez, sugeri os passes, a água fluidificada e a frequência às reuniões públicas. Acompanhei de maneira acirrada aquele drama e por causa da inexistência de percepção mediúnica de minha parte e de demais amigos sérios, anelei levar o caso para nosso benfeitor, que até então se mostrava calado, como a não querer interferir em nossas próprias insuspeitas, visto que, nem nas reuniões de desobsessão o algoz se comunicava revelando seus próprios propósitos. O nome da moça era colocado com insistência em nossos cadernos de preces e o grupo em comum pensamento evocava aquela entidade, todos já penalizados da situação daquela jovem cada dia mais atormentada.

Por fim, numa das reuniões de consulta ao benfeitor que se responsabilizara desde o início por nossas atividades, por intermédio de veterana médium psicofônica com extensa folha de serviços prestados à doutrina que nos abrira os acanhados horizontes da razão, levei a ele o problema, solicitando alguma explicação para aquele enigma que estava fazendo com que meu sossego minguasse.

A voz serena do amigo espiritual tocou fundamente nossos corações e, por fim, começou a desvendar o caso intrigante.

Para meu espanto e dos demais, ele disse que ela não estava sendo assediada por nenhum irmão desencarnado.

Não havia ódios precedentes e nem vinculação mento-magnética nociva.

Revelou que logo ao sair da primeira reunião em que comparecera na casa espírita na qual apenas foi depressiva para receber um passe e buscar norte seguro para seus passos, passou a ser vítima da auto-obsessão, quando ouviu de um lábio imprudente, desses médiuns aventureiros, que um Espírito de horrível aspecto a estava perseguindo e que se cuidasse, pois tramava sua própria morte.

Finalizando, o mentor asseverou que a questão era simples reflexo de problemas existenciais e hoje nos vemos à frente de um lamentável quadro psicótico que provavelmente não terá cura nesta existência.

O amigo terminou o triste relato dizendo que o querido Espírito se despediu falando pausadamente:

– Consultai sempre o guia da prudência.

CAPÍTULO 33

RECEPTIVIDADE

O assunto versado naquela noite fazia referências ao problema da receptividade na casa espírita.

Tantas falhas foram apontadas nesse sentido que as perquirições se abrasaram e fraternalmente nós, eu que fazia parte daquele quarteto de ex-espíritas que haviam deixado o corpo físico, conduzíamos o diálogo qual se retornássemos de novo à lida terrena para reconsiderar nossas condutas quando na Terra militávamos esposando e propagando os princípios Kardequianos.

Enquanto o assunto era discorrido com brilhantismo pelos demais confrades, eu não me contive e como sempre peguei um diminuto caderno de bolso e passei a anotar pontos de extrema importância.

O encontro que se tornara habitual entre nós era um reencontro com nossa consciência dantes no corpo alcunhada de doutrinária.

Para surpresa do benfeitor, que depois de monitorar em outra sala um ex-espírita recém-chegado ao nosso plano, pediu que lhe fosse dado a anuência de deixar algumas palavras em torno do assunto. Corou a face e assim começou:

– Hoje sei que pressa e receptividade jamais se somam. Pessoalmente, vivenciei circunstâncias que apontavam a falha de nossa casa nessa tarefa de extrema importância que a bem da verdade devia se iniciar até mesmo das portas para fora.

Conotações pitorescas que pretendo lhes relatar foram fatos verídicos sucedidos ora comigo, ora com invigilantes confrades de nossa casa – avançou, reorganizando as reminiscências:

– Lembro-me como se hoje fosse, em certo dia, próximo ao portão de saída da nossa casa, neófito senhor no que diz respeito à Doutrina de Kardec pegou o final de um diálogo meu com um confrade quando lhe orientava que não importa a cor das velas, desde que se desfizessem ao contato com as chamas. Não me esqueço, de olhos esbugalhados na minha presença, pediu-me o direito de pelo menos se apresentar e sucintamente relatar o motivo de sua visita. O que sei é que depois de olhar o relógio, apressei os passos, alegando compromissos inadiáveis. O homem não voltou, mas deixou sua impressão negativa. As velas se destinavam aos casebres pobres e nada tinham a ver com rituais de sessões públicas porquanto Kardec era nosso patrono, igualmente Jesus.

Fiquei sabendo por lábios alheios que um dia nossa instituição abortou a iniciativa de um homem, um Zaqueu moderno, de doar-nos expressiva quantia monetária. A pessoa que foi procurada, quando ouviu, mesmo de fora do compartimento no qual se encontrava a palavra doação, mandou fria resposta, dizendo-lhe que procurasse dia e pessoa própria para o possível pleiteio do que buscava. O homem nem se pronunciou e saiu tristonho. Mais tarde, pessoa de sua relação afirmou que ele havia lhe segredado que ali mesmo rasgara o cheque ao portador.

Certa jovem, vítima da frieza de minha mulher, ao lhe relatar episódios de depressão que se revelavam, arriscou e se aventurou a lhe dizer que se tratava de mediunidade. A jovem nunca mais retornou, mas conhecidos seus disseram que naquele dia os ânimos dela e do namorado estiveram alto...

– É, meus amigos – disse tristonho –, as casas espíritas se abarrotam de médiuns, de doutrinadores, de equipes que atuam na área assistencial, mas geralmente o trabalho que deveria se iniciar lá fora, falha e a receptividade cristã não aparece.

CAPÍTULO 34

SÓ UM

Confrade nosso que militou por longos anos nos arraiais espíritas segredou-nos interessante experiência que uma dia na Terra vivenciou.

E eu, como sempre, sequioso de colher informações concernentes a tais assuntos, não ocultei minha aventura de inexperiente repórter das palavras espirituais e, de caderno em mãos, fui anotando os dizeres que procuro sintetizar nas laudas destes papéis, nessa noite em que reunidos em prece nos encontramos aos céus da nossa tão querida Uberaba.

Iniciou-se nesses termos:

– Quando junto com confrades outros resolvemos fundar uma casa espírita, no dia da sua fundação foi decepção geral.

Estruturamo-nos, distribuímos tarefas, preparamos substanciosos lanches para receber os freqüentadores.

Divulgamos no meio da comunidade o nosso intento.

Esforçamo-nos, ninguém se queixou das freqüentes desdobras a que tiveram que se submeter.

É verdade que bem pequeno era nosso grupo, seis ou sete, minha memória não permite entrar nas minudências, mas a essência da lição nunca foi esquecida por nós.

Do reduzido grupo me recordo de exímia médium de incorporação, canal fidedigno pelo qual jorravam bênçãos sem conta da espiritualidade; até ela, tão habituada ao contato com os Espíritos, estava introvertida, apreensiva como todos nós, pois já se aproximava do momento que para nós seria solene e ninguém surgia adentrando o diminuto reduto, núcleo de nossos futuros labores espirituais.

Poucos minutos faltavam para o início da reunião e nós, na expectativa, nos revezávamos um a um, saindo do lado de fora na esperança de enxergar muitas silhuetas humanas por detrás que fosse de uma daquelas ruelas que se dobravam logo a alguns metros.

Para nossa surpresa, apenas um freqüentador compareceu.

Um jovem munido de boa vontade ficou até a fase final; empanturrou-se qual nós mesmos de guloseimas, pois era lamentável a fartura daquela noite.

Dialogamos uns com os outros, depois que se foi, os comentários foram gerais.

Alguém menos caridoso obtemperou:

– É moço ainda, duvido que volte.

Outra voz vociferou maliciosa:

– Essa mocidade nada quer com o Cristo, é fogo de palha.

Mais alguém acrescentou fala ríspida:

– É provável que não volte, não tem mocinhas aqui.

A nossa reunião social, visto que a espírita fora rápida, seguiu noite a dentro na tentativa de se consumir o lanche e os sucos oferecidos.

O tempo foi se passando e para nossa surpresa o jovem retornou, agora nos apresentando uma irmã.

Ficamos felizes, notando o interesse de ambos.

Na semana seguinte não só vem acompanhado da irmã, como do pai, da mãe, de mais outro irmão, este com a esposa, a sogra e o sogro.

A casa foi se enchendo nas semanas posteriores.

Aceitando o convite dele, vieram outros vizinhos.

Respirou fundo e continuou:

– Meus amigos, em menos de dois meses a casa tão cheia estava que tivemos que providenciar reforma urgente ampliando o salão.

Numa de nossas reuniões mediúnicas, privada como o bom senso ordena, o benfeitor patrono de nossa casa, controlando as faculdades da médium que mencionei páginas atrás, pede a palavra e se dirige paternal a todos nós:

– Meus irmãos, vocês menosprezaram o único freqüentador jovem do corpo, contudo veterano espírito de grande bagagem no passado e esqueceram do exemplo de Jesus que também era moço na sua tarefa e único, sendo o autor do ideal mãe que iniciou. Suas lições atravessam gerações, alcançando sempre novos corações.

E arrematou, dizendo:

– Um jovem que se renova, mediante sua influência, é capaz de transformar a humanidade...

Naquele momento, colheu as lágrimas que lhe fluíam dos olhos e concluiu:

– Sabem quem é o esteio de nossa casa e que me preenche o modesto cargo de presidente do centro que por anos dirigi? Justamente aquele jovem.

CAPÍTULO 35

TÉCNICA

Sem delongas, transcrevo para estas laudas de papel proveitoso diálogo que há poucos dias tive com alguns confrades no plano espiritual. Dentre eles, tive o prazer de privar a companhia de espírita veterano, médium responsável que militou por mais de meio século aqui mesmo no Brasil.

Contou-nos que corria na região em que morava a sua boa predisposição para intermediar os comunicados dos Espíritos e dizia que não sabia precisar como um certo jovem o procurou sequioso de justas orientações também na área da mediunidade, gleba na qual o nosso relatante tão bem conhecia e distinguia os perigos tão repletos dessa senda.

Disse que após um dia estafante de trabalhos assistenciais prestados pela casa, na porta central se postou aquele jovem já mencionado.

Porque estava com o tempo tomado por nobres ocupações, o espírita já tarimbado foi ouvindo-o atentamente, para com justeza organizar as idéias em forma de respostas para o moço com sinais de euforia.

– Pois é, senhor – e citou o nome do requisitado médium – por parte dos espíritas que agora por prudência omito, estou sabendo, conforme dicas de amigos, que o irmão conhece uma técnica que facilita o contato com os desencarnados e eu queria saber; sou candidato a ampliar meus recursos mediúnicos, então me interesso.

Por favor, repasse para mim essas diretrizes que o senhor domina, pois não desconheço que ao se tratar de mediunidade séria, o irmão é referência por todos citado.

O amigo médium que nos relatava o fato do qual vivenciou disse que ficou com os olhos esgazeados e um súbito mutismo paralisou-lhe temporariamente os lábios. Com as idéias apáticas, vítima da ausência da inspiração, recorreu em discreta prece ao seu mentor espiritual, solicitando socorro para o caso.

Então, logo registrou as recomendações que alcançavam a audição mediúnica. Pediu licença ao moço e tão logo surgiu na presença dele com um desses panelões empretejados com a rapa de sopa aderida e o rapaz, sem entender patavina, pressupondo estar na presença de um médium obsidiado, perguntou-lhe:

– Que é isto?

E o médium respondeu com segurança:

– Eis a técnica que apura a sintonia com os Espíritos nobres.

Quanto mais areada for, mais se arranque as rapas agregadas, mais a sintonia fica apurada.

E terminou o relato com gostosa gargalhada.

Se ele ficou eu não sei, pois outros compromissos me requisitaram a presença em distante casa onde morava assistidos nossos.

CAPÍTULO 36

TEMPLOS

Tantas ressalvas foram abertas em torno dos problemas de caráter interno das direções das casas espíritas e as projeções negativas, as dificuldades de relacionamento entre os colaboradores de um modo geral, que me levaram, quase de maneira irrefletida, a rascunhar certas considerações que mais tarde pretendia repassar para os companheiros em árduas tarefas no ofício de propagar com grandeza de caráter os princípios espíritas.

Não houve ali nenhum silêncio quanto as deficiências pessoais de cada um, que não eram omitidas com o fito de se querer esconder nas sombras ilusórias que as aparências proporcionam.

Foi mencionado muitas vezes o papel centralizador que alguns coordenadores assumem, abdicando do exercício do que mais deveriam usar, que é a razão e flexibilidade do sentimento de caridade.

Não faltou ali a sábia colocação de um jovem que havia retornado tragicamente para o plano espiritual, mas que tivera no mundo a felicidade de ter renascido em berço espírita e ter sido acolhido nos braços de pais amorosos e equilibrados. Embora a juventude lhe delineava os traços faciais, era notória a maturidade espiritual que lhe dava autoridade à serena verve psicológica.

Discorreu com respeito os problemas conflitantes entre a juventude por vezes desgovernada na ausência de senso da própria liberdade e nos irmãos estagiando nas trilhas da senilidade, por vezes conservadores e arredios a quaisquer avanços.

Foram muitas as colocações, mas o que a mim tocou profundamente foi um aparte que um ex-espírita solicitou serenamente.

De voz embargada e de face rubra, assim iniciou suas impressões, após o reencontro com a própria consciência:

– Perambulei por várias casas espíritas, procurei alhures nas condutas alheias, adjetivos que em verdade não possuía. Sempre me detive não nos detalhes das lições do Espiritismo, mas sim nas atitudes dos confrades que sabia encaravam com sinceridade essa empreitada de amor. Sempre achei verdadeira contradição notar o superficial da personalidade se confrontando com as entranhas da personalidade. Juro, sou sincero, não economizei palavras agressivas quais a de fariseus hipócritas se escondendo por detrás de conflitos e imperfeições de variados matizes. As brigas dos espíritas, os desentendimentos salientes, a falta de sincronismo de idéias me fizeram dar largas passadas na busca de um grupo que pelo menos em parte pudesse se ajustar às minhas pretensiosas observações. Desencarnei já há longos anos e lamento não ter me envolvido mais com a Doutrina.

Se via pessoas dedicadas, insinuava um quadro típico de fanatismo.

Se notava certas ausências, pensava na indisciplina e falta de vontade que estivesse num patamar acima das preferências terrenas.

Enfim, exigi dos outros, identifiquei ruínas humanas e esqueci de me enquadrar entre todas.

Se eles eram imortais, também haveria de transpor o túmulo e sabia que um dia ouviria os reclames da consciência.

Demorei, meus amigos, mas hoje compreendo que estava buscando Deus, Jesus e a espiritualidade maior em cenários errados.

Envolvi-me com as questiúnculas da casa e perdi a oportunidade de dar norte a meus passos pela beleza que a causa proporciona em cada criatura.

Hoje sei – parou por um instante, emocionou-se e avançou:

– Deus não habita em templos edificados pelas mãos dos homens.

O verdadeiro templo é a intimidade de cada um.

CAPÍTULO 37

TERRENOS ESTÉREIS

O assunto daquela noite provocou verdadeiras tertúlias intelectuais.

Do grupo de cinco confrades, que na Terra havia servido na condição de espíritas, apesar da ausência de predicados para assumir responsabilidades tão amplas quanto nos foram confiadas, não houve ninguém que não tivesse emitido seus pareceres referentes ao tema ventilado.

Brilhantes ressalvas foram feitas nesse sentido.

Alguém do grupo se pronunciou, comparando a ação do espírita muitas vezes atuando em terrenos paradoxos às condições de um bom plantio.

Alguém relatou certas colocações, frisando que é importante semear sem se preocupar tanto com a retaguarda, porquanto um dia a semente fatalmente vingaria.

Entretanto, um homem de idade madura, que havia militado no movimento espírita terreno, pediu o direito de conduzir a palavra por um instante.

Tentando não ser prolixo, quero apenas destacar as partes que mais nos tocaram a todos.

Ele pediu que refletíssemos nessa parábola em que Jesus fala que um semeador saiu a semear.

Então, ele nos chamou a atenção, lembrando que nesse primeiro momento não existe citações de colaboradores.

Posteriormente, falou dos terrenos tão rebeldes ao convite de aceitarem a condição de ventres da natureza.

E também não esqueceu o amigo de enumerar dificuldades relativas ao ambiente e a fatores outros.

E quando eu pensava que seus pontos de vista terminavam, aí ele então rogou à nossa razão que refletisse a nossa verdadeira posição de semeadores dos ensinos de Jesus, espalhando benesses pelos nossos exemplos.

Essa tarefa é de foro íntimo.

Por isso que não contamos com a presença de auxiliares nesse sentido.

E concluiu com notória sabedoria:

– Na área do conhecimento, o espírita de fato avançou. Tem o discernimento aflorado e domina informações que outrora lhe ensejavam perenes questionamentos; entretanto, no que diz respeito a parte moral da Doutrina, embora se aproprie ao semeador do Cristo na gleba terrena, ainda traz o coração estéril, requerendo-lhe muitas vezes retornar pelos rastros do avanço do conhecimento doutrinário e aprender a abençoar e demonstrar que o conhecimento espírita bem alicerçado também precisa do freio dos sentimentos, porquanto não basta enxergar com amplitude, é fundamental conduzir com amor e determinação as almas.

O irmão concluiu seu desfecho e eu fiquei meditando:

Em nossa Doutrina há de fato confrades de cérebros enriquecidos doutrinariamente, mas há também uma falta de conexão com o coração, porquanto quantos estão estéreis.

CAPÍTULO 38

TRAJES E TÍTULOS

Discutíamos no plano espiritual assuntos referentes à consolidação da verdadeira amizade nos caminhos terrenos.

Enfocávamos com precisão a capacidade que verdadeiros amigos sempre possuem para relevar as deficiências dos seus afetos na difícil arte de conviver, porquanto o bom desempenho desse papel às vezes nos fará relacionar com os conflitos que nosso próximo nem sempre sabe administrar e por vezes passa a afetar a nossa relação nesse sentido.

Quando por minha vez avançava nas considerações e sem que conhecesse o público ali reunido, revelei minha condição de espírita quando na Terra, relatei oportunamente algumas coisas que tive conhecimento quando fazia parte nos registros dos cartórios daqueles que ainda não tinham seus nomes excluídos, citados pelo atestado de óbito nos titulando impropriamente de mortos, quando em verdade permanecemos vivos portando os mesmos sentimentos.

Quando houve rápida pausa e eu, eufórico,

reorganizando as idéias, pretendia discursar mais um pouco, um amigo pediu licença para conduzir aquele fraterno diálogo.

Confesso que me alegrei quando disse que também havia sido espírita na Terra e que sem que tivesse desejado, tornara-se um astro de atenções em vista de importantes tarefas assistenciais que havia abraçado em determinada plaga terrena deste imenso Brasil.

Depois de brilhante síntese sua, como conceituava, modesta vida de militante dos princípios de Kardec, de chofre imprimiu certos sinais de tristeza na face e avançou, nos segredando:

– Não soube de minha parte identificar quando na Terra a verdadeira amizade.

É verdade, muitas vezes se postavam em derredor de mim quantos sei nominalmente admiravam verme na oratória, afirmando que meu verbo fluía com mestria. Verdadeiros amigos se ajuntaram em torno de mim, mas...

As reticências postas pela expressão nos aguçava a curiosidade em vista do desfecho tardio e enigmático.

Porém, logo após continuou:

– Eu sempre dei importância para certas amizades que suspeito tenham me levado a concluir dessa maneira. Não me relacionava bem com as pessoas de vida e vestes simples.

– Infelizmente – falou o espírita desencarnado, após acurado exame de consciência:

Fui relapso em relação a amizade.

Fui amigo de trajes e títulos.

CAPÍTULO 39

TREJEITOS

Longe de mim a presunção de concorrer com renomados articulistas do além, já experimentados nos contatos com os médiuns.

Neófito nessa experiência, pelo menos estranho ao psiquismo desse moço a serviço, como todos nessa ampla sala, de Jesus no mundo.

A história que lhes vou relatar é verídica, ouvi-a aqui mesmo na Terra em amistosa conversa com um confrade espírita, naqueles encontros ardorosos quando atravessamos a madrugada demonstrando a nossa parcela de satisfação por fazermos parte da família espírita compromissada em não deixar os propósitos de Jesus malograrem nas mãos nossas em vista do ócio preferido muitas vezes em detrimento do afanoso labor a que se entregam aqueles que não temem assumir a cruz que lhe está reservada e transporta no sentido simbólico sob os ombros, não se esquecendo que com Jesus o drama do calvário foi real.

O amigo a que mencionei despertou a minha e a atenção do grupo congratulado na ocasião citada pelo modo com que suas palavras simples, mas bem postas nos penetravam a alma.

Dizia ele:

– A maledicência é coisa séria que freqüentemente burla a nossa vigilância.

E prosseguiu:

– Num grupo espírita de meu conhecimento, um fato aconteceu envolvendo um veterano passista.

Estudioso nato.

Discernimento aflorado.

Cinqüenta anos dedicados à tarefa.

Nunca houve na câmara de passes nada que o desabonasse.

Ele, como os demais integrantes, trabalhavam adotando o mesmo padrão.

Acatavam a risca as recomendações de Allan Kardec.

Certo dia, um acontecimento passou a suscitar cochichos maldosos nas demais dependências da casa.

– Vejam só, meus amigos, o fulano, e citaram o nome dele, está atentando contra os princípios intocáveis de nossa doutrina. Não notaram os trejeitos nas mãos dele? É desnecessário tantos tremores repetitivos.

Outra confreira, na função de colocar lenhas na fogueira, deu ao caso exagerada dimensão.

– Não só o vi com esses tremores, como também o flagrei de mãos atadas antes do passe, qual se esse procedimento fosse nova técnica que doravante irá usar.

A conversa avançou maldosa, sem que ninguém se recordasse da recomendação de Jesus, quando dá ênfase à adoção da vigilância, e também não houve ninguém que se lembrasse dos dizeres do Cristo afirmando que seus discípulos seriam distinguidos pelo amor que uns estivessem cultivando pelos outros.

E porque o amigo que aguçava nossa curiosidade não chegava no desfeixe do caso, precipitei-me induzindo-o a concluí-lo, agora sem delongas.

Deu uma risada marota e disse:

– Em pouco tempo, o enigma foi desvendado.

Não era trejeito.

O confrade era portador do Mal de Parkinson e naqueles seqüentes dias estava sem condições de comprar o remédio.

Bastou um comprimido administrado conforme prescrição médica para por fim nesse conversê.

CAPÍTULO 40

VISÃO DO ALTO

A desencarnação do médium Chico Xavier, o maior intérprete da espiritualidade que até então se tem conhecimento, à época suscitou um verdadeiro deságüe de comentários. E numa dessas tertúlias abençoadas, tive a oportunidade de registrar muitos apartes e agora transcrevo exatamente os pontos mais importantes, tendo o zelo de não me tornar prolixo na condução da caneta.

Dentre os companheiros reunidos, jovem moça que havia atuado com brilhantismo na seara espírita na cidade de Brasília manifestou-se com observações referentes a um certo misticismo em torno do medianeiro de Pedro Leopoldo, quando percebia que desavisados espíritas o colocavam num certo pedestal na Doutrina, que às vezes ela não via com bom grado.

Lúcido representante do Espiritismo, já veterano no plano espiritual, fez interessante enxertia no assunto em curso, quando disse que não basta colocar as pessoas em pedestais, porquanto se não tiverem predicados correlatos, despencam por si só, e que Chico Xavier se impôs pelo respeito e pela retidão das próprias atitudes.

O silêncio se fez presente e outra mulher de idade madura observou a existência de variadas críticas diante da postura de Chico de dar conotações especiais ao caráter religioso do Espiritismo, chegando mesmo a dizer que não sabe se teria levado à frente o serviço da mediunidade atuando nas áreas da ciência e da filosofia; e segundo pontos de vistas, contraria o pensamento de Kardec... A madura senhora se calou e aquele mesmo homem, amadurecido na expressão das idéias, sóbrio e equilibrado, acrescentou que os rumos do Espiritismo não se definiram no século 19 e que o próprio Codificador objetou com clareza que dessa Doutrina não se tinha e não se tem a última palavra e que seria complementada, o que vem sucedendo.

Jovem moço falou do aproveitamento da reencarnação por parte do medianeiro mineiro. E aquele mesmo senhor lembrou que a têmpera do espírito que animou o corpo que lhe serviu, superou as próprias limitações corporais e que trabalhou até os derradeiros instantes da existência que se finalizou com desfecho de luz. Em relação a tantas críticas que sobrevieram e continuam se originando do meio espírita mesmo, levantando polêmicas estéreis em torno das condutas do homem que tinha "Cândido" no sobrenome e nas condutas, foi o mesmo homem que fez as considerações finais, lembrando a todos que Galvani, Nicolau Copérnico e Galileu Galilei foram vítimas de chacotas e agressões de seus contemporâneos, que hoje certamente se retratam dos erros e leviandades cometidas.

Então, meus filhos, no que diz respeito ao estimado médium Chico Xavier, ele é um natural clarividente de circunstâncias e do alto do monte vê tudo o que se passa com sabedoria e bom senso notório. E assim como aconteceu com aqueles paladinos a serviço da ciência, é bem provável que, após deixar os corpos, muitos confrades perceberão os equívocos propalados, porque não tinham como ele a visão do conjunto de caráter profundo.

POSFÁCIO

O testemunho de um encontro consciencial:

"(...) fui elegido por unanimidade para o cargo de presidente da instituição a qual servi por mais de meio século (...)"

"(...) Pensei muitas vezes em desistir da lida a que me colocaram (...)"

"(...) Aos poucos fui implantando a descentralização. Conscientizei o grupo que cada qual deveria dar mais importância para os encargos e que os cargos eram irrelevantes.(...)"

"(...) Ninguém teve mais tempo para observar detalhes de somenos importância e a solução surgiu."

Trechos parciais de ***A SOLUÇÃO***, disponível nas próximas páginas.

A SOLUÇÃO

– Militei por muitos anos na direção de uma casa espírita.

Assim iniciou um ex-espírita revelando para nós sua experiência na intimidade do dia a dia na casa espírita.

De minha parte, agucei os ouvidos como que desejando ajeitar os canais auriculares para não perderem nada daquele testemunho, para posterior arremesso aos companheiros da Terra como agora faço.

Seus relatos continuaram nessa seqüência de idéias:

– À época, fui elegido por unanimidade para o cargo de presidente da instituição a qual servi por mais de meio século. Os companheiros enxergaram em mim predicados que de fato não os possuía. Cercados de tantos corações que diziam me estimar, confesso que me emocionei e então aceitei com notórias relutâncias de minha parte o desempenho da tarefa que me entregavam às mãos, qual se eu as tivesse solicitado por requerimento ou coisa congênere.

O primeiro semestre foi-me agradável. Contava com a colaboração de todos. Nenhum olhar de malícia tive o desprazer de identificar naqueles primeiros dias.

Entretanto, a situação prosseguiu e a turbulência do agravamento estava me levando a intensos estados de inquietações. Aqueles mesmos que se revelaram de público amigos meus, eles próprios me lançavam quais flechadas em forma de críticas, que muito me doíam o coração. Tive a infelicidade de presenciar bochichos em torno de meu nome e já não mais notava a estima dos primeiros dias. Pensei muitas vezes em desistir da lida a que me colocaram, mas minha consciência me pedia para não abandonar o posto de serviço.

Então, certa noite, quando fiz sentida prece, a resposta não tardou e despontou na manhã seguinte pelos canais da inspiração.

O amigo enxugou a fronte, tomou fôlego e avançou para o desfecho do caso.

Certo confrade dentre nós, impaciente, logo lhe questionou o que fez para contornar os impasses que surgiam.

E ele, tão lúcido, bom manipulador das idéias que lhe acendiam na mente, prosseguiu seguro:

– Abri mão inicialmente da autonomia que me era de direito no exercício desse cargo. Aos poucos fui implantando a descentralização. Conscientizei o grupo que cada qual deveria dar mais importância para os encargos e que os cargos eram irrelevantes. Com esse procedimento, foi possível castrar o personalismo no seu nascedouro. Nunca tive a preocupação de eleger líderes; sempre frisei que haveriam de se destacar espontaneamente nos subgrupos que laboravam em prol da mesma causa. Aos poucos consegui abolir a imagem paternal de presidente. Cada qual tinha atribuições e liberdade para se expressar nas reuniões de conselhos.

E finalizou com uma boa gargalhada:

– Dei serviço para o povo.

Ninguém teve mais tempo para observar detalhes de somenos importância e a solução surgiu.

Um livro de sabedoria única para jovens de todas as idades

Imagine uma mensagem para cada dia do ano, endereçada aos jovens, com o objetivo de ajudá-los dos a superar os desafios da adolescência e transição para o mundo adulto. Pensamentos na forma de gotas diárias, inspiradoras, espalhando esperança e estímulos para o Bem. É quase uma conversa de pai para filho que Maurício Mancini, professor universitário no Rio de Janeiro, apresenta nesta obra, onde seu amor pelos jovens foi se construindo, não só pela convivência com os próprios filhos, mas também junto a seus alunos.

Embora dedicado aos jovens, o livro pode ser apreciado por qualquer pessoa em busca de serenidade e entendimento para vencer momentos de tensão e dúvida. O texto apoia-se nos tesouros da fé e do potencial de crescimento intelecto-moral inerente a todos, visando transformar cada um de nós em alavancas da própria felicidade.

Maurício Mancini
192 páginas
10x14 cm
ISBN: 978-85-7867-009-2

Preço especial para distribuidores e clubes do livro.
Informações com Adriana Costa pelo e-mail **adriana@mythoseditora.com.br** ou pelo telefone: **11 3021.6607**

MYTHOS BOOKS
em sintonia com a alma

AS MUITAS VIDAS DE HELLA

Mara Brasil – inspirado pelo Espírito Leonardo

Um romance que traz o tema da recordação de vidas passadas, com muitos ensinamentos e um roteiro de estudos doutrinários.

176 páginas
formato: 14 x 21cm

APRENDENDO A PERDOAR

Daniela Costa Bernardes

Um romance suave, que valoriza os benefícios do perdão e os prejuízos da mágoa. O leitor vai encontrar situações próprias do cotidiano para valorizar a virtude do perdão.

184 páginas
formato: 14 x 21cm

QUESTIONAMENTOS INTERIORES – UM CONVITE À SUPERAÇÃO

Rodinei Carlos Moura

Romance que aborda o planejamento reencarnatório. Um grupo de amigos sofre fatal acidente aéreo e se reencontra para planejar a futura existência.

160 páginas
formato: 14 x 21cm

AS ESTAÇÕES DO ESPÍRITO

Carlos Abranches

No estilo romanceado, o leitor vai acompanhar a viagem de um menino pelos estágios da vida humana, comparados com as estações do ano.

176 páginas
formato: 14 x 21cm

CANTAR É MOVER O DOM

Carlos Abranches

À luz do Espiritismo, o conhecido autor analisa letras de composições da música popular brasileira, com grandes ensinos para o aprendizado humano.

144 páginas
formato: 14 x 21cm